LE NETTOIEMENT DE PARIS

Conférence faite aux Ingénieurs des Travaux publics de la Ville de Paris, le 6 janvier 1923

PAR

L. GIRARD
Inspecteur général adjoint des Travaux de Paris

PARIS
LIBRAIRIE DE L'ENSEIGNEMENT TECHNIQUE
LÉON EYROLLES, ÉDITEUR
3, Rue Thénard
1923

ENCYCLOPÉDIE INDUSTRIELLE ET

Fondateur : M. Léon EYROLLES, C. ✻, ✪ I.
Ingénieur-Directeur de l'École spéciale des Travaux publics, du Bâtiment et de l'Industrie.

Collection grand in-8 (16 × 25)[1]

a) OUVRAGES PROFESSÉS A L'ÉCOLE SUPÉRIEURE DES POSTES ET TÉLÉGRAPHES

Constructions des lignes aériennes, par M. Picault, ingénieur des Postes et Télégraphes.

1re édition, 312 pages et 185 figures............ **12 fr.**

Construction de lignes souterraines, par M. Picault, ingénieur des Postes et Télégraphes.

1re édition, 191 pages et 108 figures......... **6 fr. 50**

Cours d'installations télégraphiques, par M. Tongas, ingénieur en chef des Postes et Télégraphes.

1re partie. Sources d'énergie. Appareils à transmission automatique. Systèmes à transmissions multiples. *2e édition*, 537 pages, 354 figures et 19 planches hors texte.................................... **12 fr. 50**

Cours d'exploitation postale, par M. Ferrière, chef de bureau à l'Administration centrale des Postes et des Télégraphes.

Livre I. Principes fondamentaux. Législation. Exécution et contrôle du service, 241 pages....... **12 fr. 50**

Livre II. Personnel. Service des directions. Service ambulant. Service maritime, 306 pages...... **12 fr. 50**

Cours d'installations téléphoniques, par M. Milon, ingénieur des Postes et Télégraphes.

2e édition. — 362 pages, 205 figures et 6 planches hors texte.................................... **12 fr. 50**

Principes généraux d'exploitation téléphonique, par M. Milon, ingénieur en chef des Postes et Télégraphes.

1 vol. de 150 pages.......................... **6 fr.**

Cours élémentaire de télégraphie sans fil, par M. Viard, ingénieur des Postes et Télégraphes.

304 pages et 188 figures.................... **12 fr. 50**

Conférences de Comptabilité industrielle et commerciale, par M. C. Valensi, ingénieur des Postes et Télégraphes.

1 vol. de 276 pages.......................... **12 fr.**

Cours de comptabilité et de droit budgétaire, par M. Féret de Longbois, directeur au Ministère des Finances.

3e édition, 156 pages.......................... **6 fr.**

Cours de Machines, par M. Sauvage, inspecteur général des Mines.

1 vol. de 208 pages, 70 figures.................. **8 fr.**

b) OUVRAGES PROFESSÉS A L'ÉCOLE SPÉCIALE DES TRAVAUX PUBLICS DU BATIMENT ET DE L'INDUSTRIE

BÉTON ARMÉ

Précis pour le calcul des ouvrages en béton armé, par le lieutenant-colonel Espitallier.

3e édition, 246 pages, 112 figures.............. **15 fr.**

Cours de béton armé, par le lieutenant-colonel Espitallier.

Livre I. Procédés généraux de construction et calcul des ouvrages, *8e édition*, 328 pages, 162 figures, 2 planches et annexe. Instruction ministérielle du 20 octobre 1906. Prix.................................... **22 fr.**

Livre II. Application du béton armé, *2e édition*, 448 pages, 228 figures et 2 planches hors texte. Prix.................................... **26 fr.**

BATIMENT

Construction des usines et des établissements industriels, par le lieutenant-colonel Espitallier.

5e édition, 340 pages, 217 figures dont 5 planches hors texte.................................... **30 fr.**

Construction et installation des bâtiments agricoles *, par M. Provost, ingénieur du Génie rural.

5e édition, 273 pages, 101 figures et 2 planches.. **18 fr.**

1. Les ouvrages indiqués par un * sont provisoirement édités en autographie dans le format in-4 tellière (17×22).

LE NETTOIEMENT
DE PARIS

LE NETTOIEMENT DE PARIS

Conférence faite aux Ingénieurs des Travaux publics de la Ville de Paris, le 6 janvier 1923

PAR M. L. GIRARD,

Inspecteur général adjoint des Travaux de Paris.

PARIS
LIBRAIRIE DE L'ENSEIGNEMENT TECHNIQUE
LÉON EYROLLES, ÉDITEUR
3, Rue Thénard
1923

LE NETTOIEMENT DE PARIS

CHAPITRE PREMIER

VUE GÉNÉRALE

On réunit sous le nom de « *Nettoiement* » l'ensemble des opérations qui ont pour but de faire disparaître les dépôts de toutes sortes qui recouvrent le sol des voies publiques.

Lorsque ces dépôts sont assez volumineux, on les appelle plus particulièrement « ordures ». Ils donnent à la voie publique un aspect peu séduisant et chacun souhaite de les voir disparaître. Le vœu unanime est ici d'accord avec le sentiment bien entendu de l'hygiène, car le séjour des dépôts d'ordures est l'une des principales causes des épidémies qui ont décimé et ravagent encore les villes où ils existent.

La première opération de nettoiement à laquelle les Municipalités se soient attachées a, par conséquent, été l'enlèvement des ordures. Elles ont tenté de limiter cet enlèvement aux boues et immondices amenées naturellement par la circulation. Mais il leur a fallu compter avec la désinvolture des habitants, qui ont une tendance naturelle à abandonner sur la voie publique les débris de toutes sortes qui les gênent à l'intérieur de leurs maisons.

Les quelques notes historiques placées plus loin rappelleront que la lutte au sujet des ordures entre le Pouvoir Central, qui était à l'époque le roi de France lui-même, et le peuple de Paris, a duré plusieurs siècles. Elle s'est terminée par une sorte de capitulation du Pouvoir Central qui a dû finalement admettre d'enlever à la fois les immondices des rues et les ordures ménagères des habitants.

Pour se débarrasser des ordures ménagères enlevées des voies publiques, on a commencé par les mettre en dépôt aux portes mêmes des villes. On a tenté ensuite de les utiliser comme engrais ou combustible. La première partie de la présente étude indique comment on opère aujourd'hui à Paris l'enlèvement des ordures ménagères. Cet enlèvement, avec l'évacuation qui le complète, coûte annuellement 48 millions et nécessite des usines importantes.

Le Nettoiement n'a pas pu s'arrêter à l'enlèvement des ordures. On a été amené, peu à peu, à s'attaquer à des dépôts plus menus, à la poussière, et à pratiquer, à cet effet, sur la voie publique une série d'opérations nouvelles (balayage, lavage, arrosage, etc.). Leur importance est devenue telle que leur exécution coûte par an 38 millions et que c'est à leur ensemble que l'on réserve aujourd'hui le nom de « Nettoiement ».

Le bien-être qu'en ont éprouvé les habitants les conduit chaque jour à exiger davantage. Quelles que soient les intempéries, ils veulent pouvoir circuler en en ressentant le moins possible les effets. Leurs demandes s'étendent à mesure que les revêtements s'améliorent en devenant plus lisses et que les vitesses s'accélèrent. Pour y satisfaire, le Nettoiement est contraint de perfectionner ses opérations qui deviennent d'autant plus délicates que leurs fins ne peuvent dès l'abord être bien déterminées, puisqu'elles n'ont d'autre limite que le désir de confort des habitants.

Cet exposé permet de distinguer les deux parties du sujet :

La première a un but précis, relativement simple : « Enlèvement des ordures ».

La seconde traite du « Nettoiement » et est beaucoup plus complexe. Son développement dans la cité moderne en a fait une véritable industrie ayant ses méthodes et ses règles techniques, qu'on va s'efforcer d'exposer.

CHAPITRE II

APERÇU HISTORIQUE SUR LE NETTOIEMENT DE PARIS.

Les temps anciens, — Les corporations aiment à faire remonter très haut leur origine. Imitant cette coutume, le Nettoiement pourrait prétendre que les travaux dont il a la charge étaient dès l'antiquité considérés comme surhumains. Ne suit-il pas aujourd'hui encore, pour approprier nos caniveaux, la méthode que le demi-dieu Hercule mit en œuvre pour nettoyer les écuries d'Augias ?

Notre intention n'est pas de revendiquer un tel prédécesseur, ni même de rappeler les civilisations anciennes : grecque, carthaginoise, romaine, qui eurent cependant des habitudes de propreté très caractérisées. Celles que les Romains avaient introduites en Gaule s'évanouirent complètement avec l'invasion franque. Les conquérants barbares vivaient dans leurs métairies et se souciaient peu de l'entretien des villes. Aussi le dallage des voies romaines disparut-il bientôt, enterré sous les boues et les détritus de toutes sortes.

Pendant plus de 700 ans, du ve au xiie siècle, voici les attraits qu'offrirent les rues de Paris : il n'existait pas même un semblant de nivellement du sol ; les eaux stagnaient dans toutes les flaches. Le sol, dépourvu de revêtements, restait détrempé et boueux. Les habitants, qui ignoraient les fosses d'aisances, y accumulaient sans cesse gravois et ordures où de nombreux animaux domestiques : lapins, canards, porcs, etc., cherchaient leur nourriture.

Le plus grand signe de mépris était de jeter à la figure de l'intéressé de « la boue puante des rues de la ville », comme Gontran et Frédégonde firent aux envoyés de Brunehaut, en 584, après l'assassinat de Chilpéric II. A cette époque, les chroniqueurs n'hésitaient pas à faire dériver le nom aimable de « Lutetia » du substantif latin « lutum » qui signifie « boue ».

Les contemporains des Mérovingiens, ceux de Charlemagne et ceux des Croisés, durent patauger dans les boues de la ville royale, où la peste revenait à de courts intervalles, mais qu'ils considéraient néanmoins comme une des plus belles villes qui existassent.

Philippe Auguste trouva enfin une amélioration rénovée des Romains. C'est en 1185 qu'on place la scène bien connue où le souverain fut tellement incommodé de l'odeur dégagée par la boue que soulevait le passage d'une charrette, qu'il ne put rester à la fenêtre de son palais. Il ordonna aussitôt que les rues et voies de la Cité fussent pavées « bien et soigneusement de grès gros et fort ». On employa pour débuter des dalles carrées de 1 mètre de côté et d'un pied d'épaisseur. Ce fut le « Carreau du roi » qui, jusqu'à l'avènement des Valois, n'exista guère que sur la Croisée de Paris, c'est-à-dire sur les deux artères principales qui traversaient la Ville en se coupant vers le Châtelet. Par la suite, les dimensions des dalles diminuèrent et, dès le XVIe siècle, le « Carreau » était devenu le « Pavé du Roi » et n'avait plus que 0^{m},23 cubique.

Évidemment, c'est aux habitants de sa bonne ville que le roi avait imposé d'exécuter et d'entretenir le Carreau. A son Prévôt était réservé le soin de veiller à l'observation des ordonnances royales. Le Nettoiement fut ainsi, dès le début, considéré comme une opération de police ; il le resta jusqu'en 1859. Le Prévôt, absorbé sans doute par d'autres soucis, s'adjoignit presque immédiatement un aide, plus spécialement chargé de la police et de l'entretien du Carreau, qui porta le titre de « Voyer de Paris ».

Le plus ancien règlement dont nous ayions trouvé trace à propos du Nettoiement est de 1270. Il est dû à Messire Jean Sarrazin, nommé Voyer de Paris par Saint Louis. Ce document spécifie que les rues seront nettoyées lorsque le voyer en publiera l'ordre en faisant « crier le ban ». C'est à peu près le système employé encore aujourd'hui dans plusieurs villages de France. Le voyer avait le soin de prévoir que « sa gent » serait accompagnée de la « gent du prévôt » et appliquerait aux récalcitrants une amende de « deux sols six deniers ».

Le système de ne nettoyer les rues que lorsque le voyer les estime trop sales a encore des défenseurs à Paris même.

Appliqué aux ordures, il est désastreux. Il fut néanmoins le seul en usage pendant plus de 150 ans, au cours desquels la peste ne cessa de sévir.

Les Voiries. — Les habitants montraient peu de bonne grâce à exécuter le nettoiement des rues. L'autorité royale se contentait de leur prescrire d'enlever des chaussées les « boues et autres encombrements », et leur laissait la charge de s'en débarrasser.

Au début, les riverains introduisaient les matières dans leurs cours et jardins. Dès le XIIIe siècle, les bourgeois prirent l'habitude de louer en commun un tombereau pour transporter hors de la

Fig. 1. — Butte Saint-Roch.

Ville les immondices accumulées autour d'eux. On donna aux dépôts le nom de « voiries ».

Des voiries s'établirent à tous les endroits disponibles et amenèrent la création de nombreux monticules dont on voit encore la trace. Dans la Ville même, il y eut des voiries : place Maubert, au monceau Saint-Gervais, à la pointe Est de la Cité dite « Motte aux papelards ». On en vit de plus importantes aux portes de la Ville. Le long de l'enceinte de Philippe Auguste on peut remarquer le relèvement de la rue Baillif (auprès de l'immeuble actuel de la Banque de France), la Butte aux Copeaux (actuellement labyrinthe du Jardin des Plantes), et diverses buttes dont l'une fut sans doute le Montparnasse. Près de l'enceinte de Charles VI naquirent la butte Saint-Roch (fig. 1) et les points encore surélevés de nos grands boulevards, comme la butte Bonne-Nouvelle, sur laquelle était la Ville Neuve des Gravats, et une partie des relèvements que l'on voit boulevards Saint-Denis, Saint-Martin, des Filles-du-Calvaire, Beaumarchais. Plus tard, les voiries furent reportées jusqu'aux Buttes-Chaumont, à Montfaucon.

Les voiries ne gardèrent pas forcément un aspect repoussant. Il suffit d'une couche de gazon et de quelques arbres pour masquer leur origine et leur conférer un caractère champêtre. On a conservé des dessins montrant que la Butte Saint-Roch était un lieu plutôt riant. Elle portait des moulins et n'a disparu que de nos jours, lors du percement de l'avenue de l'Opéra.

Tentatives d'organisation. — Nous connaissons trop le caractère parisien pour penser que tous les habitants s'astreignaient à faire exécuter correctement les transports de la voirie. Il était au contraire d'usage courant de se débarrasser des matières encombrantes en les déposant, pendant la nuit, soit au droit du voisin, soit sur la place publique. C'est le procédé de la maraude, que certains charretiers pratiquent encore de nos jours dans les voies de la périphérie. Aussi le Prévôt avait-il beau multiplier ses ordonnances, élever et surélever les peines qui frappaient ceux qui jetaient des immondices sur le « Carreau du Roi », leur faire payer l'amende dès 1348, les mettre en prison « au pain et à l'eau » en 1395 et même leur infliger « le hart ou le pilori » dès 1404 : Paris restait sale et les épidémies se succédaient.

Au temps de Charles V le Sage, le mal était tel que la place Maubert était devenue inaccessible. A ce moment, le prévôt Hugues Aubriot faisait un effort pour réaliser l'écoulement des eaux de surface et aménageait des égouts couverts.

Charles VI, dans une lettre patente du 1er mars 1388, constate que « icelle ville est si pleine de boues, fientes, gravois et autres « ordures que chacun a.... mis devant son huis que c'est grant hor« reur et très grant déplaisir à toutes personnes de bien et d'honneur ».

Cependant, par crainte de la peste, l'organisation du Nettoiement s'était développée. Le « Livre rouge vieil du Châtelet » indique que sous Charles VI, Paris était, pour l'enlèvement des boues, divisé en sept sections, placées sous les ordres du Voyer, et dans chacune desquelles étaient spécialisés des « sergents du Châtelet ». Le Voyer avait pour mission d'indiquer aux charretiers les voiries où ils devaient décharger leurs tombereaux. Le Prévôt intervenait pour limiter les prix exagérés que réclamaient aux bourgeois les entrepreneurs de transports et leur imposait une taxe proportionnelle à la distance qui séparait la rue du lieu de décharge. On voit poindre la prime kilométrique appliquée de nos jours aux auto-tombereaux de la collecte.

Les rues de Paris restaient cependant dans un tel état de malpropreté que les gens de qualité n'y pouvaient circuler qu'à cheval ou montés sur des mules. Les épidémies se succédaient ; mais une fois le mal passé, les bourgeois retombaient dans leur insouciance.

L'État avait bien tenté d'exécuter lui-même l'enlèvement. Un service public fut établi dans ce but en 1506, et l'obligation faite aux riverains de nettoyer les rues fut remplacée en 1522 par une taxe spéciale, prémisse de nos actuelles taxes de balayage et d'enlèvement. L'essai ne réussit pas : nobles et gros bourgeois n'avaient pas tardé à se soustraire à la taxe. Dès 1532, on dut en venir à un système mixte, qui consistait à recourir à nouveau aux habitants pour effectuer le balayage des rues et la mise en tas des immondices, alors que l'autorité royale restait seulement chargée du transport et prélevait une taxe dans ce but. Ce système mixte a subsisté jusqu'en 1873.

Des ordonnances royales de 1539 indiquent que la collecte durait toute la journée. Les tombereaux passaient en été de 6 heures à 11 heures et de 3 heures à 7 heures, et en hiver de 7 heures à 12 heures et de 2 heures à 6 heures. Avant leur arrivée, chaque habitant devait avoir balayé devant sa porte et fait un tas des immondices. Les ordonnances contiennent les prescriptions que nous croyons tout à fait modernes et dont la notion remonte, par conséquent, au temps de François Ier. C'est ainsi que les immondices provenant de l'intérieur des maisons doivent être placées dans des « paniers ou mannequins », premières formes de la boîte à ordures d'immeubles, — que les propriétaires voisins sont rendus responsables les « uns pour les autres » dans chaque rue, première constitution d'office de syndicats de propriétaires. Malheureusement, comme beaucoup d'autres sages prescriptions, elles ne furent pas observées, bien que les contrevenants fussent punis du fouet.

Une ordonnance de 1563 prévoit que les tombereaux de la collecte seront munis de la clochette qui n'a disparu qu'en 1919 avec l'extension de la collecte par automobile.

La population restait négligente malgré les ravages de la peste, qui causa 25.000 décès en la seule année 1562. Les égouts de Hugues

Aubriot, dont l'entretien avait été délaissé, n'étaient plus qu'un souvenir. Seuls, les hôtels des grands seigneurs avaient des fosses d'aisances. La population continuait à pratiquer le « tout à la rue ».

Sous Henri IV, qui avait créé Sully Grand Voyer de France, le prévôt de Paris confia, en 1608, à un entrepreneur, Rémond Vedel dit « La Fleur », associé à Pierre de Sorbet, non seulement l'exécution des transports, mais encore la perception de la taxe destinée à en couvrir les frais. L'entrepreneur, ayant tenté de relever la taxe, provoqua une émeute et dut se retirer. Diverses « compagnies » qui lui succédèrent ne réussirent pas mieux, notamment l'entreprise de Salomon de Caus en 1621. A partir de ce moment, l'exécution du transport aux voiries continua d'être confiée à l'entreprise, mais le soin de recouvrer la taxe resta désormais à l'autorité royale.

Le XVIIe siècle. Arrosage. — Nous voici au XVIIe siècle. L'outillage hygiénique de Paris s'était perfectionné ; les immeubles avaient été peu à peu munis de fosses d'aisances, dont le curage restait, comme aujourd'hui, à la charge des particuliers. En sorte que les entreprises du Nettoiement n'avaient plus à opérer la collecte que pour les boues et immondices provenant du balayage des rues, auxquelles les habitants ajoutaient, le plus possible, des déchets provenant de l'intérieur des maisons.

L'organisation du Nettoiement est déjà développée. En 1638, dans chaque rue, le contrôle du travail de l'entreprise est fait par un bourgeois, qui, s'il est satisfait, remet à l'entrepreneur un jeton de cuivre ou méreau. (Tout récemment, à propos de l'application de la nouvelle taxe sur les ordures ménagères, le méreau a failli revivre.) Chacun des seize quartiers de la Capitale dispose de sa voirie particulière. La police du Nettoiement est assurée par le Lieutenant civil. Paris est devenu suffisamment propre pour qu'on puisse y circuler à pied... avec des bottes.

La Ville s'est embellie. Elle a 10 kilomètres d'égout. Elle a même des promenades, notamment le Cours de la Reine que, dès 1649, on arrose pendant l'été, à bras, avec des seaux.

A l'avènement de Louis XIV, la viabilité est suffisante pour que l'écoulement des eaux superficielles se fasse sans grand obstacle ; au point que, dès 1663, un arrêt du Parlement défende aux habitants de garder dans leurs maisons « aucune eau croupie, gâtée ou corrompue » et leur enjoigne « d'icelles vider sur le pavé des rues et d'y jeter à l'instant un ou deux seaux d'eau claire ».

Le Grand Roi s'occupa sérieusement de l'assainissement de la Capitale. Un édit de mars 1667 créa la charge de Lieutenant de Police et l'attribua au maître des requêtes de La Reynie. Celui-ci fait creuser des égouts, force les habitants à paver devant leurs maisons, comme on le leur prescrivait en vain depuis 1388, réglemente les voiries. Un édit de 1674 sépare les voiries pour boues et immondices de celles qui servaient aux vidanges.

Le XVIIIe siècle. — Mais, malgré les contraintes que décernait le Conseil du Roi, la taxe rentrait mal. Aussi Louis XIV autorisa-t-il, en 1704, les habitants à la remplacer par une imposition autrement répartie, c'est-à-dire fusionnée avec les dépenses générales de la Ville.

Sous Louis XV, les dépenses de nettoiement sont confondues avec celles de « l'entretien des lumières publiques ». L'ensemble, représentant 450.000 livres en 1743, est recouvré « sur les maisons de la ville et des faubourgs de Paris ».

Pendant tout le XVIIIe siècle, la collecte est faite par entreprise au moyen de tombereaux à deux chevaux, conduits chacun par un charretier aidé d'un retrousseur. L'équipe coûte 2.000 livres par an. L'entrepreneur doit fournir la voirie. Il connaît la valeur, comme engrais, des boues et ordures qui sont sa propriété et dont une ordonnance de 1703 défend le commerce aux particuliers.

Les détails de l'organisation du Nettoiement se précisent. Les entrepreneurs de la collecte ont la liberté de faire « des offres au rabais par quartiers », c'est-à-dire que les entreprises font l'objet d'adjudications. Des crédits spéciaux sont prévus pour l'enlèvement des neiges et glaces. Le nettoiement des halles et marchés est mis à part; chaque marchand en acquitte le prix entre les mains du placier balayeur.

Bien peu d'entrepreneurs semblent avoir fait fortune. On cite, néanmoins, comme ayant été tout à fait heureux en affaires, Pierre Outrequin qui fut agréé en 1748 par arrêt du Conseil d'État comme entrepreneur du Nettoiement pour tout Paris, et réussit à monopoliser la plupart des travaux de la voie publique, notamment l'entretien du pavé. Il avait bordé de quatre rangées d'arbres les boulevards du Midi. Il se fit une notoriété avec le tonneau d'arrosage.

Le premier tonneau d'arrosage était apparu en 1750. Composé d'un lourd récipient en bois, traîné par quatre hommes, il servait à rafraîchir les allées des Tuileries ; il excita l'admiration universelle. Pierre Outrequin en étendit aussitôt l'emploi aux chaussées des grandes voies. Sa réputation fut alors à son comble. Le Roi lui conféra l'ordre de Saint-Michel et l'anoblit même en 1761.

En 1782, la collecte occupait 120 tombereaux qui faisaient en moyenne cinq voyages par jour, soit 600 itinéraires. L'enlèvement n'était quotidien que dans les voies les plus passagères. Dans les autres, il se faisait à intervalles très variables, de deux jours à un mois.

A ce moment, toutes les obligations modernes du riverain, en ce qui concerne le nettoiement, paraissent nettement définies. En effet, le lieutenant général de police, M. de Sartines, résumant dans une ordonnance du 9 janvier 1767 une succession d'arrêts du Parlement ou d'ordonnances de police antérieurs, oblige les riverains :

à faire balayer régulièrement, chaque jour, avant le passage des tombereaux, au devant de leurs immeubles, jusqu'à la moitié de la chaussée ;

à relever les neiges et casser les glaces sur la voie publique, en cas de gelée ;

à mettre à part, dans des paniers, les poteries, bouteilles cassées, verres à vitres, morceaux de glace, vieilles ferrailles, etc..., qui ne doivent pas être mélangés aux boues ;

à arroser, pendant les chaleurs, deux fois par jour, à 10 heures et à 3 heures, sur une largeur de deux pieds à partir des façades.

La même ordonnance, complétée par une autre du 26 juillet 1777, défend de jeter à la rue les fumiers et les produits de nettoyage des jardins, les neiges et glaces provenant du nettoyage des cours ;

de mélanger aux ordures les gravats, feuilles, tuiles, tuileaux, etc...

et prévoit des amendes allant de 100 à 300 livres. L'emprisonnement est même infligé aux habitants qui donneront des pourboires aux charretiers, évidemment pour leur faire accepter, dans leurs tombereaux, des matières prohibées.

Les mœurs conservaient sans doute un caractère patriarcal, puisque les mêmes ordonnances défendent « de jeter par les fenêtres, tant de jour que de nuit, aucune eau, urine, matière fécale et autres ordures », et « de prendre, pour arroser, l'eau croupissante dans les ruisseaux ».

La Révolution laissa subsister l'état de fait, mais elle changea complètement le principe en mettant hors de cause l'État au sujet des dépenses de police de la ville de Paris (nettoiement, éclairage et autres). Le décret du 6 juin 1790 mit ces dépenses à la charge de la Municipalité. Le transport des boues et immondices (fig. 2) est ainsi devenu un service municipal, dont le paiement est confondu avec celui des autres impôts.

Fig. 2. — Balayeur sous la Révolution.

Le XIXe siècle. — Le XIXe siècle amena des progrès rapides dans l'aménagement des voies publiques.

Dès 1824, sous l'impulsion du préfet de la Seine, M. de Chabrol, le trottoir, importation anglaise introduite à Paris vers 1782, est étendu à toutes les voies. Les chaussées à caniveau central disparaissent pour faire place aux chaussées bombées avec caniveaux latéraux. Le réseau des égouts souterrains s'étend, limitant au minimum le ruissellement superficiel. Des conduites d'eau sont posées partout. Les voies s'élargissent au point que l'obligation, pour le riverain, de balayer sur leur demi-largeur, paraît excessive et se trouve limitée à une zone de 6 mètres à partir des façades. La Ville garde à sa charge le balayage des places, jardins, édifices publics, et le centre des voies ayant plus de 12 mètres de largeur.

Les revêtements se perfectionnent. Le pavé diminue d'échantillon, c'est-à-dire de volume. L'empierrement, moins sonore que la pierre, était employé dans Paris depuis le milieu du XVIIIe siècle. L'asphalte, apparu en 1837, fut appliqué couramment dès 1855. Le pavé de bois ne vint que bien plus tard. Essayé timidement peu après 1870, il ne fut d'emploi courant qu'à partir de 1881.

Mais comme l'exécution du balayage continue, en majeure partie, à incomber aux riverains, sa surveillance reste une opération de police. C'est pourquoi, lorsque la loi du 28 pluviôse an VIII confie l'administration de Paris aux deux Préfets actuels, le Nettoiement et sa sœur l'Éclairage restent dans les attributions du Préfet de Police.

On pratique toujours le système mixte. Les riverains doivent, avant le passage du tombereau, balayer chacun au droit de soi en retroussant les ordures en tas au long des maisons (fig. 3). La Préfecture de Police se charge de l'enlèvement au tombereau, qu'elle fait faire par des entrepreneurs. En 1829, il y avait un entrepreneur unique qui n'avait qu'un dépôt d'outils, au Marché-Neuf. Tous ses ouvriers y venaient au rendez-vous. On les payait 18 sous par jour pour 7 heures de travail, de 4 heures à 11 heures.

Le règlement accordait une heure aux riverains (de 6 heures à 7 heures en été et de 7 heures à 8 heures en hiver), pour balayer,

Fig. 3. — Paris qui s'éveille.

chaque jour, a zone de 6 mètres laissée à leur charge. Les habitants continuaient à esquiver leur tâche, et les épidémies qu'on dénommait maintenant « choléra » n'avaient pas disparu. Pour sortir de cette situation, l'ordonnance de police du 5 décembre 1846 facilita l'organisation de compagnies privées qui, moyennant une rétribution annuelle, se chargèrent de faire le balayage pour le compte des riverains. On tolérait que les ouvriers des compagnies balayassent en dehors des heures réglementaires, c'est-à-dire après le passage du tombereau.

Immédiatement, les abus apparurent ; des tas d'ordures étaient formés toute la journée sur la voie publique et s'augmentaient des apports des riverains ou des maraudeurs. En 1853, le Préfet de Police dut abroger la tolérance de balayer après le passage du tombereau accordée aux compagnies, et celles-ci furent, pour la plupart, obligées de se retirer. L'administration municipale se substitua à celles qui disparurent et créa des abonnements au balayage facultatifs. On eut ainsi, jusqu'en 1873, pour exécuter le balayage d'une même chaussée, trois organismes fonctionnant côte à côte : tout d'abord, l'administration municipale travaillant tant pour son propre compte au centre des voies larges que pour celui de ses abonnés; ensuite, des compagnies et enfin les riverains qui préféraient balayer eux-mêmes. En cas de défaillance des riverains, l'administration

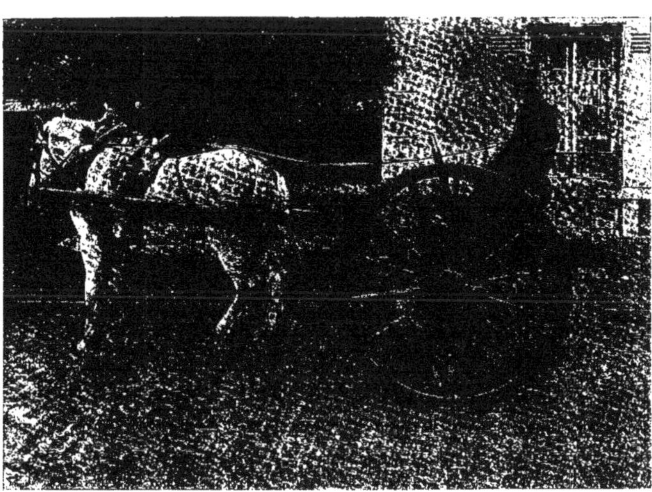

Fig. 4. — Balayeuse à cheval.

balayait d'office au compte du contrevenant. On conçoit la complication du système.

L'arrosement continuait d'être exécuté uniquement par les riverains, sauf dans les grandes voies où la Ville faisait passer ses tonneaux.

Mais les exigences du public s'accroissaient. Les riverains ne devaient le balayage que le matin : l'opinion réclama des balayages complémentaires pendant la journée ; l'administration dut les faire elle-même avec ses ouvriers spéciaux. Le nettoiement des rues cessa pour la majeure partie d'être exécuté par les riverains, pour devenir l'affaire du Service Municipal. C'est pourquoi il fut retiré des attributions de la Préfecture de Police par décret du 10 octobre 1859 et confié aux Ingénieurs du pavé, lesquels dépendaient de la Préfecture de la Seine.

Alors les progrès s'accélérèrent, grâce aux perfectionnements de l'outillage. La machine-balayeuse, avec balai-rouleau, était rendue pratique par Sohy, dès 1876 (fig. 4). Dès 1873, Paris en possédait 40.

Le développement du réseau des conduites d'eau permettait de créer l'arrosage à la lance, inauguré tout d'abord aux Bois de Boulogne et de Vincennes et étendu, après 1859, à toutes les grandes artères. En même temps, le lourd tonneau en bois, dont le cheval était conduit à la main par un charretier, était remplacé par le tonneau métallique, dont le cocher commandait la manœuvre du haut de son siège.

Cependant, les dépôts d'ordures subsistaient quand même sur la voie publique. Le Gouvernement de la Défense Nationale avait bien, par un arrêté du 11 septembre 1870, prescrit de placer les ordures dans un récipient que les habitants devaient porter au tombereau à son passage annoncé par une clochette. La voie publique n'était propre qu'aux endroits où l'administration la nettoyait.

Sous la pression de l'opinion publique, la Ville de Paris demanda alors que l'obligation du balayage qui, jusque-là, constituait une simple prestation en nature, fût convertie en taxe municipale obligatoire, imposée à tous les propriétaires et représentant la dépense du balayage. Ainsi en a décidé la loi du 26 mars 1873, et depuis, toute la charge de balayer les voies parisiennes incombe entièrement au Service Municipal.

Enfin, plus heureux que ses devanciers, M. le Préfet Poubelle prit, le 7 mars 1884, un arrêté qui fut à peu près respecté, imposant aux propriétaires l'obligation d'employer pour leurs immeubles un récipient à ordures. La réaction des habitants se limita à donner au récipient le nom du Préfet.

Hâtons-nous de dire que le triomphe du Préfet n'a été que partiel. Les Parisiens ont bien admis le récipient, mais ils n'ont pas consenti, encore quarante ans après, à le munir du couvercle qui était prévu. De même, ils n'ont jamais accompli la mise à part des débris de vaisselle, verre, poterie, etc..., que l'arrêté leur impose.

Depuis ce moment, le nettoiement à l'intérieur de Paris n'a plus guère été l'objet que de perfectionnements de détail. Le sel a été employé pour déglacer les chaussées dès 1880. Les revêtements lisses (asphalte, bitume, bois) ont amené la création d'une nouvelle opération : le caoutchoutage (fig. 5). On proscrit l'empierrement que remplacent l'asphalte et le bois. On étend la pratique des lavages à grande eau. On améliore le matériel de collecte, on recourt de plus en plus aux engins mécaniques. Sur ces points, les modèles résultant des études faites à Paris sont, à l'heure actuelle encore, les plus perfectionnés.

Pour finir, l'effort des ingénieurs a dû se porter sur l'utilisation

Fig. 5. — Caoutchoutage à bras.

des ordures ménagères, que les cultivateurs de la banlieue délaissent comme engrais. On les transporte au loin par chemin de fer. On les broie pour en faire un engrais plus maniable. Depuis 1899, une usine de broyage existe à Saint-Ouen. Désormais, les ordures seront de plus en plus évacuées par l'usine. L'incinération, étudiée dès 1893 par les ingénieurs municipaux, fut *réalisée peu après* 1900.

La période des tâtonnements est close. On entre dans la période industrielle où le Service Municipal évolue à l'heure actuelle, sans prétendre posséder aucun système définitif. Tout en poursuivant la réalisation des mesures dont l'utilité n'est plus en doute, il s'efforce d'apercevoir les améliorations. Beaucoup semblent proches ; on en indiquera quelques-unes en passant.

CHAPITRE III

RÉGLEMENTATION. TAXES

Il reste relativement peu de chose de toute la réglementation dont le Nettoiement a été l'objet au cours des siècles. Actuellement, les textes en vigueur semblent se limiter aux suivants :

Ordonnance de police du 20 juin 1851, prescrivant aux riverains d'arroser, pendant les chaleurs, une fois par jour, au droit de leurs immeubles ;

Ordonnance de police du 1er septembre 1853, rendant les entrepreneurs de travaux responsables de la propreté aux abords de leurs chantiers, et prévoyant que le nettoiement peut être assuré d'office à leurs frais ;

Loi du 26 mars 1873, convertissant en une taxe municipale l'obligation imposée aux riverains des voies publiques de balayer le sol livré à la circulation ;

Arrêté du 17 mars 1884, dit « arrêté Poubelle », instituant les récipients d'immeuble qui recevront les résidus du ménage, mais où il est interdit de verser les terres et débris de toute nature provenant de travaux ou de l'entretien des cours et jardins, ainsi que les résidus et déchets provenant de commerce ou d'industrie ;

Arrêtés portant règlement sanitaire de la Ville de Paris, dont le premier est du 22 juin 1904 et le plus récent du 19 janvier 1914 ;

Arrêté du 6 janvier 1922, fixant à 6 h. 30 du matin l'heure du début de la collecte ;

Arrêté du 14 novembre 1922, fixant les obligations des riverains au sujet de l'enlèvement des neiges et glaces.

Une nouvelle loi est attendue pour imposer aux habitants le paiement de la taxe d'enlèvement des ordures ménagères, votée en 1921 par le Conseil municipal.

Les Parisiens seront ainsi assujettis à deux taxes : l'une pour le balayage (ou plutôt pour les diverses opérations de nettoiement), l'autre pour l'enlèvement (collecte et évacuation) des ordures ménagères. Chacune est destinée à couvrir les dépenses du service rendu, sans pouvoir en dépasser le montant.

Nous ajoutons les détails suivants sur la taxe de balayage, qui a déjà un demi-siècle d'existence. Le tarif de la taxe est revisé tous les cinq ans. Il comporte le classement des voies publiques en cinq catégories, suivant l'importance de la circulation. Dans chaque catégorie on distingue trois classes :

— Constructions en bordure de la voie publique ;

— Propriétés bâties ne bordant pas la voie publique ;

— Terrains vagues.

Les Parisiens acquittent, sans difficultés, la dite taxe de balayage dont ils ont accepté tous les relèvements quinquennaux ; on espère qu'ils montreront la même docilité pour la nouvelle taxe d'enlèvement des ordures ménagères.

CHAPITRE IV

ENLÈVEMENT DES ORDURES MÉNAGÈRES. COLLECTE

Conditions à remplir pour l'enlèvement. — L'enlèvement des ordures ménagères est une opération qui touche de près à la vie intime de la population. Par suite, elle ne peut être réalisée sans le concours de celle-ci et doit tenir compte de ses habitudes. Le fait a été à maintes reprises vérifié à Paris, où, finalement, le procédé qui a prévalu résulte d'un compromis entre les dites habitudes et les exigences des hygiénistes.

Les conditions à remplir pour réaliser un service d'enlèvement satisfaisant, à la fois, à l'hygiène et au confort des habitants sont cependant apparues depuis longtemps. Il faut que, dans chaque immeuble, les ordures soient déposées dans des récipients faciles à nettoyer. Ces récipients doivent être convenablement fermés pour que les rats, propagateurs de la peste, ne puissent s'y introduire et trouver la nourriture abondante qui leur a permis de pulluler jusqu'ici. Il est nécessaire que la collecte soit faite chaque jour, avec le plus de propreté possible, au moyen de véhicules que l'on puisse désinfecter. Il est indispensable que les ordures une fois enlevées ne puissent plus être une cause de gêne ou d'insalubrité. En particulier, les dépôts que l'on peut être amené à constituer doivent être situés le plus loin possible des lieux habités. Enfin, comme l'enlèvement et l'évacuation entraînent toujours des dépenses importantes, il est bon que, tout en satisfaisant à l'hygiène, l'on cherche à tirer des ordures tout le parti économique possible.

On a vu que les efforts faits par la Municipalité parisienne pour améliorer la situation ont échoué pendant plusieurs siècles devant l'insouciance des habitants, qui ne se décidèrent à adopter la boîte à ordures d'immeuble qu'à partir de l'arrêté pris le 7 mars 1884 par M. le Préfet Poubelle. Les perfectionnements devinrent alors possibles. Ils ont tout d'abord été relativement lents, car l'opinion publique ne s'intéressait guère à la question des ordures ménagères.

Cette question n'a reçu une solution d'ensemble qu'après 1919, lorsqu'elle a été prise en mains par M. Malherbe, directeur général des Travaux de Paris et du département de la Seine, à qui sont dus les progrès notables réalisés depuis la guerre et qui sont tels que Paris, qui passait avant 1914 pour l'une des grandes villes les moins propres, peut aujourd'hui se targuer, et à bon droit, de la réputation contraire.

Définition des ordures ménagères. — On n'a pu réussir à définir de façon bien nette ce qu'il faut entendre par ordures ménagères. Les divers contrats relatifs à la collecte se bornent à la clause suivante, qui tient lieu de définition : « Il est formellement stipulé « que ne sont pas compris normalement dans les produits à enlever « au cours de la collecte des ordures ménagères, les résidus, cendres « et mâchefers d'usines, ainsi que les déchets de toute nature « provenant soit de fruiterie en gros, soit de l'exercice de commerce « ou d'industrie quelconque ».

Cette imprécision explique, dans une certaine mesure, l'attitude du Service Municipal qui doit, vis-à-vis des habitants, agir avec tolérance et respecter de nombreux usages locaux.

Importance de l'évacuation des ordures à Paris. — Les ordures ménagères, boues et immondices de Paris, représentent, chaque année, une masse de 2 millions de mètres cubes pesant plus de 1 million de tonnes. Accumulée sur la place de la Concorde, on en ferait une pyramide ayant la hauteur de la Butte Montmartre.

La majeure partie, environ 800.000 tonnes, est formée par les ordures ménagères dont les tombereaux du Service Municipal font la collecte au droit de chaque habitation, puis le transport aux quatre usines de traitement.

Une partie encore notable, évaluée à 150.000 tonnes, et constituée également par des ordures, est enlevée au domicile des habitants par les chiffonniers.

Enfin, une faible portion, environ 50.000 tonnes, est évacuée par les égouts publics. Elle comprend surtout les boues et immondices provenant du balayage des rues.

Le cube des ordures ménagères enlevées par le Service Municipal s'accroît sans cesse. Ainsi que le montre le tableau ci-après, son accroissement est plus rapide que celui de la population.

ANNÉES	POPULATION	CUBE ANNUEL DES ORDURES MÉNAGÈRES enlevé par les auto-tombereaux.	
		Total.	Par habitant.
1900	2.630.773 habitants.	1.084.660^{m3}	411 litres.
1913	2.896.329 »	1.668.900	576 »
1922	2.863.433 »	1.760.576	615 »

En 1915, M. l'Ingénieur en chef des ponts et chaussées Mazerolle, qui a beaucoup étudié la question alors qu'il était chargé du Nettoiement de Paris et qui mériterait d'être cité à chaque paragraphe de la présente note, attribuait cette augmentation à « des causes « diverses telles que : l'accroissement du bien-être et un moindre « souci d'économie ménagère dans l'utilisation des déchets, le « renouvellement plus fréquent des objets usuels achetés à meil- « leur compte, mais de moins bonne qualité, la crise du chiffon- « nage, etc..., et surtout les tolérances de jour en jour plus larges « accordées pour l'enlèvement des déchets industriels et commer- « ciaux ».

Ces causes continuent d'agir et l'augmentation du cube annuel de la collecte est de 2 p. 100 en moyenne.

Procédé d'enlèvement actuellement pratiqué à Paris. — Le procédé actuellement appliqué consiste à faire sortir et déposer sur la voie publique, chaque matin, par le représentant du propriétaire, la boîte d'immeuble et à en opérer le déversement en vrac dans un tombereau. L'opération doit être conduite très rapidement et les récipients doivent être aussi simplifiés que possible. Ces conditions ont fait écarter, comme lents et compliqués, les systèmes de « déversement en vase clos », pour continuer à appliquer le « déversement à ciel ouvert » en réduisant au minimum ses inconvénients.

Ajoutons que, pour la sortie et la rentrée des boîtes, les propriétaires se font également représenter par les concierges, lesquels se déchargent de ce soin sur des auxiliaires bénévoles, les chiffonniers d'îlots, qui se font ainsi bien voir de la population.

En somme, on pratique à Paris le « déversement à ciel ouvert », et le matériel (boîtes à ordures et auto-tombereaux) est adapté à ce procédé.

Boîtes à ordures d'immeuble. — L'arrêté préfectoral du 7 mars 1884 prescrivait de mettre à part les débris de vaisselle, verre, poterie, etc..; cependant les habitants ont continué à mélanger les déchets de toutes sortes dans les boîtes de ménage et dans les récipients d'immeuble.

Le même arrêté limitait à 100 litres la capacité du récipient. Bien rares sont les propriétaires qui ont employé ou emploient une boîte de contenance inférieure à 100 litres, malgré que, généralement, un volume moitié moindre soit suffisant et qu'il y ait intérêt, pour diminuer la fatigue des ouvriers chargeurs, à employer les boîtes les plus réduites.

Mais le plus grave manquement aux prescriptions préfectorales est l'absence de couvercle.

D'après le règlement sanitaire de la Ville de Paris (arrêté du 22 juin 1904, modifié par plusieurs arrêtés dont le dernier en date du 19 janvier 1914), le propriétaire est tenu de maintenir le récipient d'immeuble, chaque soir, à partir de 9 heures, à la disposition de ses locataires. Ces derniers y déversent leurs boîtes de ménage au cours de la soirée ; en sorte que le récipient plus ou moins rempli est, pendant toute la nuit, laissé ouvert dans la cour ou dans l'entrée de l'immeuble. Les produits peu agréables des fermentations peuvent ainsi se répandre dans l'habitation et les rats pénétrer dans les boîtes.

Bien que les fabricants de boîtes à ordures vendent toujours un récipient muni de son couvercle, cet accessoire est rarement mis en place par les usagers, et leur indifférence facilite sa prompte disparition.

C'est pourquoi, après avoir en vain tenté, pendant l'année 1912, une campagne directe de destruction des rats, le Conseil municipal a, par délibération du 30 décembre 1921, décidé d'imposer, à partir du 1er janvier 1925, l'usage de boîtes à ordures plus perfectionnées, dont la fermeture soit assurée tant au cours de son remplissage que pendant son transport sur la rue.

Conditions que doit remplir un modèle de boîte à ordures destinée à être utilisée dans Paris. — Les boîtes devront remplir les conditions suivantes :

« La boîte sera tout en métal galvanisé et composée d'un récipient « étanche et d'un couvercle. On entend par capacité de la boîte la conte- « nance du récipient. La capacité sera de 10, 25, 50 ou 100 litres. Le poids « pour la boîte vide munie de son couvercle ne dépassera pas 4, 6, 10 ou « 18 kilogrammes, suivant la capacité.

« Le récipient aura une forme évasée vers la bouche, grâce à un fruit d'au « moins 5 p. 100 des parois latérales. Celles-ci seront lisses, sur toute leur « étendue, jusqu'à la bouche, laquelle sera libre sur toute la section. La « section intérieure ne présentera en plan que des angles arrondis avec un « rayon d'au moins $0^m,05$. La hauteur intérieure du récipient sera égale à la « plus petite des dimensions de la section en plan de la bouche, laquelle sera « d'au moins $0^m,26$, $0^m,32$, $0^m,40$, $0^m,50$, suivant la capacité. Le récipient « sera garni, à la partie inférieure, d'une frette écartant le fond à au moins « $0^m,015$ du sol et pourvu, à sa partie supérieure, de deux anses ou poignées « diamétralement opposées. Toutefois, les boîtes de 10 et 25 litres pourront « n'avoir qu'une seule anse rabattante formant diamètre.

« La surface extérieure du récipient sera aussi lisse que possible.

« Le couvercle devra être disposé pour limiter commodément la capacité « de la boîte sans débordement possible et assurer une obturation de la « bouche suffisante pour que les ordures ne puissent s'en échapper pendant « le transport de la boîte, même si on l'incline à 15 p. 100. L'obturation doit « subsister, malgré les déformations du récipient allant jusqu'à altérer de « 5 p. 100 en plus ou en moins les dimensions primitives à la bouche. Le « couvercle devra pouvoir être facilement mis en place et retiré. Les dispo- « sitifs qu'il comporte seront aussi simples que possible, sans nécessiter la « présence, tant sur le couvercle que sur le récipient, d'alvéoles, rainures, « coulisses, saillies, etc..., où les ordures puissent s'introduire ou s'ac- « crocher, ni d'organes susceptibles de mal fonctionner en cas de fatigue ou « de détérioration du récipient. Éviter autant que possible l'emploi de « ressorts. »

Modèles de boîtes à ordures agréés par la Ville de Paris. — Il semble difficile d'innover pour un appareil aussi simple qu'une boîte à ordures. Cependant les constructeurs ne se sont pas rebutés et, dès la fin de 1922, quatre types de boîtes (fig. 6), satisfaisant suffisamment aux conditions sus-indiquées, étaient déjà agréés par arrêté préfectoral.

Leurs fabricants ont demandé que l'Administration municipale vérifie la capacité des boîtes qu'ils mettent en vente et constate cette vérification par l'apposition d'un poinçon. Pour l'instant, les constructeurs sont simplement autorisés à apposer sur les boîtes une marque distinctive (fig. 6 *bis*), spécifiant que le modèle est agréé par l'Administration municipale.

Manipulation des boîtes. — Chiffonniers. — Les règlements parisiens prévoient que les récipients seront déposés sur le trottoir

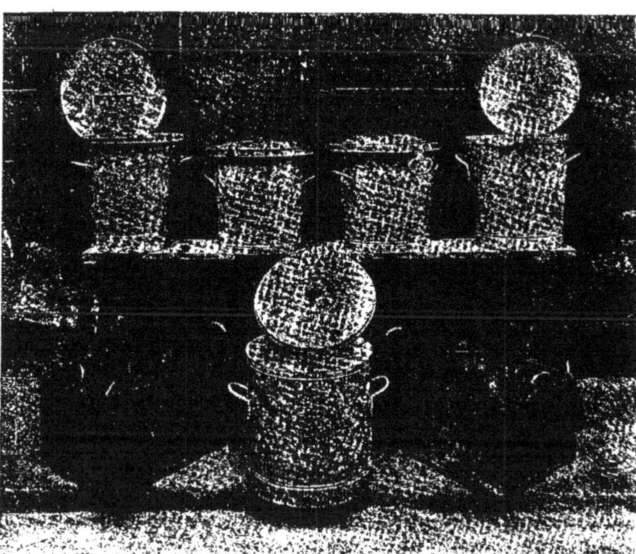

Fig. 6 — Modèles de boîtes à ordures.

une heure au plus avant l'heure réglementaire de la collecte, puis seront remisés à l'intérieur des immeubles un quart d'heure après le passage du tombereau.

On a dit plus haut que la sortie et la rentrée des boîtes étaient exécutées par des auxiliaires qui, pour ce service, se sont rendus indispensables aux concierges. Ce sont les chiffonniers « îlotiers » ou « placiers », qui travaillent par équipe de cinq à six personnes pour un groupe d'immeubles ou « îlot ». Ces travailleurs profitent du séjour des boîtes sur la voie publique pour pratiquer le « chiffonnage », c'est-à-dire la recherche, dans les boîtes, des déchets qu'ils estiment utilisables. A cet effet, ils étalent par terre le contenu du récipient, font leur cueillette et remettent dans la boîte les produits qu'ils délaissent, c'est-à-dire la presque totalité. Malgré que les règlements (arrêté préfectoral de 1884 et règlement sanitaire) les astreignent à vider chaque récipient sur une toile, leurs opérations n'en constituent pas moins une cause indéniable de souillure pour la voie publique. Aussi les hygiénistes réclament-ils la suppression du chiffonnage. Ils ne sont pas encore parvenus à l'obtenir. Il est probable que cette suppression se réalisera pour ainsi dire de façon automa-

Fig. 6 *bis*. — Marque du fabricant.

tique dans l'avenir par l'adoption de nouveaux matériels de collecte. Peut-être alors la population chiffonnière, qui compte à ce jour environ 6.000 personnes, disparaîtra-t-elle par extinction. Il ne faut cependant pas trop escompter cette disparition ; les chiffonniers de Paris constituent une corporation très ancienne qui était déjà réglementée sous Louis XIV et dont la permanence sous tous les régimes indique la vitalité.

En tout cas, les pratiques de leur industrie devront se transformer pour s'adapter aux perfectionnements futurs de l'outillage, ainsi qu'ont fait, dans le passé, tous les petits métiers de la rue (porteurs d'eau, marchands ambulants, etc...).

A l'heure actuelle, ils sont divisés en trois branches : les « îlotiers » susdésignés, les « tombereautiers » dont on parlera plus loin à propos de la collecte, et les chiffonniers « d'usine ».

Horaire de collecte. — Il serait rationnel d'enlever les ordures ménagères avant que de procéder aux autres opérations du Nettoiement de la voie publique. Paris en a fait l'essai et tenté, de 1912 à 1920, d'exécuter la collecte pendant la nuit. Mais, pour ne pas se lever vers le moment du passage du tombereau, les concierges sortaient les boîtes dès les premières heures de la nuit. La gêne occasionnée par les alignements nocturnes des récipients a paru intolérable et l'on a dû renoncer à faire la collecte de nuit pour l'exécuter tout entière le matin.

D'autre part, un auto-tombereau peut facilement accomplir dans la même matinée deux tournées. On a donc essayé, en 1919 et 1920, d'exécuter l'enlèvement en deux tours; on réduisait ainsi le nombre des véhicules nécessaires et par conséquent les dépenses. Les Parisiens ne l'ont pas admis. Les quartiers les plus excentriques ne consentent pas à ce qu'on enlève leurs ordures quelques heures plus tard qu'avenue de l'Opéra. Force a été d'acquérir et de mettre en marche, chaque jour, un effectif d'auto-tombereaux égal au nombre des itinéraires de collecte, de manière à réaliser l'enlèvement matinal en un tour unique. A l'heure actuelle, l'arrêté préfectoral du 6 janvier 1922 a fixé uniformément à 6 h. 30 l'heure du début de la collecte des ordures ménagères pour l'ensembe de la Capitale. Interdiction est faite de sortir aucun récipient avant 5 h. 30. La collecte dure environ 1 h. 1/2 en été et 2 heures en hiver. Si bien que tous les récipients doivent être rentrés vers 8 h. 15 ou 8 h. 45, suivant les saisons.

Matériel de collecte. — Les dispositions principales du matériel de collecte résultent des recherches faites par l'Administration municipale depuis 1904.

A l'antique tombereau à deux ou quatre roues (fig. 7), dont la caisse placée très haut nécessitait l'élévation à bout de bras de chaque récipient qu'on y voulait vider, a succédé la voiture spéciale employée de 1910 à 1920 par le dépôt de Romainville (fig. 8). Cette voiture à quatre roues était caractérisée par sa caisse d'une capacité de 5^{m3}, entièrement métallique, placée très bas et dont le déchargement était obtenu par basculement.

La traction par chevaux présente l'inconvénient d'être entravée par la neige. Le Service Municipal se trouvait, lors de chaque chute de neige, obligé de suspendre en tout ou partie la collecte des ordures ménagères, dont la régularité de fonctionnement se trouvait détruite pour plusieurs jours.

Fig. 7. — Guimbarde des Halles.

Fig. 8. — Voiture du dépôt de Romainville.

Fig 9 — Auto-tombereau (S. A. S. M).

Fig. 10. — Garage de Romainville (S. A. S. M.).

Cet inconvénient a conduit à essayer, de 1914 à 1920, des voitures automobiles électriques. Chaque tombereau était actionné par une batterie d'accumulateurs dont la charge était effectuée par des usines électriques fonctionnant au moyen de l'incinération des gadoues. Le principe est des plus séduisants : les ordures elle-mêmes

Fig. 11. — Auto-tombereau (S. I. T. A.).

produisent la force motrice nécessaire à leur enlèvement. Mais l'expérience ayant démontré que la traction par accumulateurs était plus coûteuse, au moins aussi bruyante et exposait à plus d'aléas que la traction par moteurs à pétrole, c'est cette dernière qui, en fin de compte, est seule adoptée depuis 1921. Elle procure toute la régularité et la sécurité désirables.

On emploie des châssis automobiles de grande puissance (5 tonnes) de manière à réduire le nombre des tombereaux, et partant le nombre des équipes de chargement quotidiennement nécessaires (fig. 9 à 15)

Les dispositions caractéristiques des auto-tombereaux employés à Paris sont les suivantes :

La caisse ou benne est complètement métallique. Pour accélérer le chargement, son bord supérieur est placé très bas, à environ 1m,50 au-dessus du sol. Elle est munie d'un couvercle en plusieurs parties coulissantes. Sa capacité à ras bord est de 7$^{m^3}$; sous couvercle, elle atteint 9$^{m^3}$. Afin que le chargement se fasse sans bruit, une lisse en

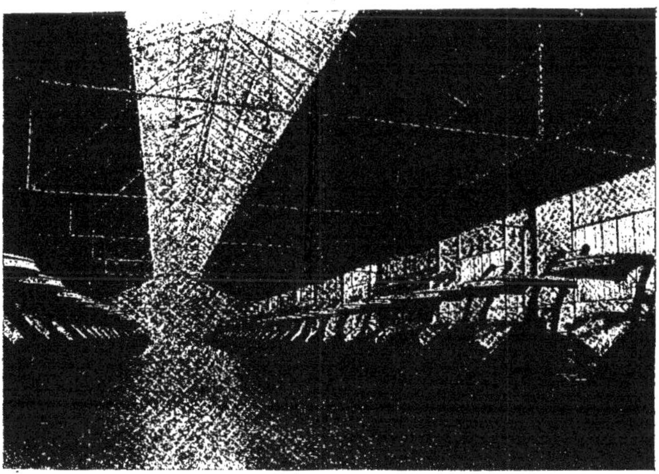

Fig. 12. — Garage d'Issy-les-Moulineaux (S. I. T. A.).

bois surmonte le bord et sert d'appui aux boîtes que l'on veut vider.

La benne bascule automatiquement au moyen d'un dispositif de levage entraîné par le moteur du véhicule. Les dispositifs de levage sont assez variés (treuil à cordes, vis sans fin, piston hydraulique, etc...) et peuvent être tenus pour équivalents. La charge utile étant de 5 tonnes, le conducteur peut refuser toute augmentation de cette charge au-dessus de 5t,200. Au long de la benne, vers l'arrière, est disposé un montoir, sorte de marchepied sur lequel l'équipe de chargeurs peut se placer pour être transportée par l'auto-tombereau lorsqu'il change de lieu de travail.

Le châssis automobile ne diffère pas de celui d'un camion de 5 tonnes ; moteur à quatre cylindres, développant 25 à 35 chevaux à une vitesse variant de 1.000 à 1.300 tours : minute. Roues avec bandages caoutchoutés.

Les conditions techniques imposées pour les réceptions comprennent notamment le démarrage en charge en remontant une

Fig. 13. — Auto-tombereau à benne amovible (G. G. E. A.).

côte de 12 p. 100, suivi d'un parcours d'environ 100 mètres sur la même côte à l'allure du pas, le tout sans qu'aucun échauffement soit constaté.

Fourniture et entretien du matériel de collecte. — L'Administration municipale dispose pour la collecte de plus de 900 auto-tombereaux, dont 705 sont fournis et entretenus par trois entreprises, et le reste, soit plus de 200 auto-tombereaux, est entretenu et exploité en régie par le Service spécial des Transports automobiles municipaux.

Les contrats de fourniture et d'entretien pour les trois entreprises sont similaires. Ce sont des contrats de location-vente d'une durée de sept ans, après quoi les véhicules reviennent en toute propriété à la Ville de Paris.

Fig. 14. — Auto-tombereau (T. A. M.).

L'entreprise doit tenir à la disposition de la Ville, chaque jour, 80 p. 100 des véhicules ; l'excédent, soit 20 p. 100, constitue une réserve pour faire face aux immobilisations provisoires, réparations, accidents, etc... L'entreprise assure à ses frais le garage et la mise en état de tous les véhicules, fournit le personnel de conduite pour les 80 p. 100 d'auto-tombereaux tenus à la disposition, ainsi que toutes les matières (essence, huile, chiffons, pièces de remplacement, etc.) nécessaires au fonctionnement. En échange, la Ville de Paris paie deux primes :

Une prime journalière pour chaque auto-tombereau tenu à la disposition,

et une prime kilométrique pour chaque kilomètre parcouru tant à vide qu'en charge, aller et retour du garage.

La prime journalière compense le salaire du conducteur et l'amortissement des véhicules, y compris la réserve de 20 p. 100. Elle augmente ou diminue comme le salaire journalier que l'entreprise, d'accord avec la Ville, paie au conducteur.

La prime kilométrique varie avec le prix du litre d'essence, lequel est constaté au début de chaque mois par le Service des Transports automobiles municipaux.

Le système des deux primes variables s'est montré suffisamment souple pour éviter toute difficulté avec les entreprises, malgré les variations notables qu'ont subies depuis 1919 et subissent encore les prix des diverses fournitures et la main-d'œuvre.

En somme, la Ville s'est engagée à faire fonctionner régulièrement chaque jour un nombre fixe (80 p. 100) des auto-tombereaux des entreprises. On indiquera plus loin que l'effectif des auto-tombereaux nécessaires varie notablement avec les saisons. La différence entre cet effectif et le nombre des auto-tombereaux fournis par les entreprises est comblée par les auto-tombereaux du Service des Transports automobiles municipaux (T.A.M., fig. 14), à qui est dévolu ainsi le rôle le moins facile, celui de former volant. On peut dire que pendant l'hiver tous les véhicules des Transports automobiles municipaux fonctionnent, alors que pendant l'été ils sont tous arrêtés.

Garage du matériel de collecte. — Ainsi qu'il est rationnel, les garages sont disposés, ou bien à proximité des points d'évacuation des ordures ménagères, c'est-à-dire des usines de traitement, ou bien au centre des arrondissements à desservir.

Ils comprennent huit grands garages groupés par deux auprès de chaque usine de traitement, et trois petits garages d'arrondissements. La plupart sont la propriété de la Ville qui les loue aux entreprises. Les grands garages (fig. 10 et 12) sont des installations modernes qui permettent non seulement d'opérer tous les jours le lavage et la désinfection des véhicules, mais encore leurs réparations.

Exécution de la collecte. — **Itinéraire.** — Le chargement des ordures dans les auto-tombereaux est effectué par une équipe composée de quatre personnes (fig. 9) : deux chargeurs, un chiffonnier tombereautier et un balayeur, et placée sous les ordres du conducteur de l'automobile. Ce dernier, et par conséquent l'entreprise dont il dépend, est responsable du travail de l'équipe, notamment en ce qui concerne la nature des ordures enlevées et les accidents occasionnés.

Au droit de chaque boîte, l'auto-tombereau prend une allure extrêmement lente ou s'arrête ; les deux chargeurs, se déplaçant transversalement à la voie, vont prendre successivement les boîtes

Fig. 15. — Transports commerciaux (S. I. T. A.).

déposées sur les trottoirs et les passent au chiffonnier. Celui-ci, monté dans la benne du tombereau, y déverse les boîtes et en répartit le contenu, tout en effectuant pour son compte particulier le « chiffonnage », c'est-à-dire la cueillette des produits utilisables. Puis les boîtes vides sont ramenées et déposées sur le trottoir par les chargeurs. Enfin le balayeur ramasse, ou plutôt repousse au caniveau, les ordures tombées pendant la manipulation des boîtes. Au passage, l'équipe enlève à la pelle les tas d'immondices retroussés antérieurement au moment du nettoyage général de la voie publique.

Le rôle du chiffonnier est particulièrement important : son adresse à répartir et entasser les ordures dans la benne influe notablement sur la quantité qu'on peut introduire dans celle-ci.

Les deux chargeurs et le balayeur sont des cantonniers titulaires payés pour huit heures de travail ; en dehors de la collecte, ils sont utilisés à d'autres besognes de nettoiement. Le chiffonnier « tombereautier » est généralement un ouvrier temporaire qui n'est employé que pendant la durée de la collecte, et payé seulement pour cette durée ; depuis la guerre, dans certains quartiers, on le recrute diffi-

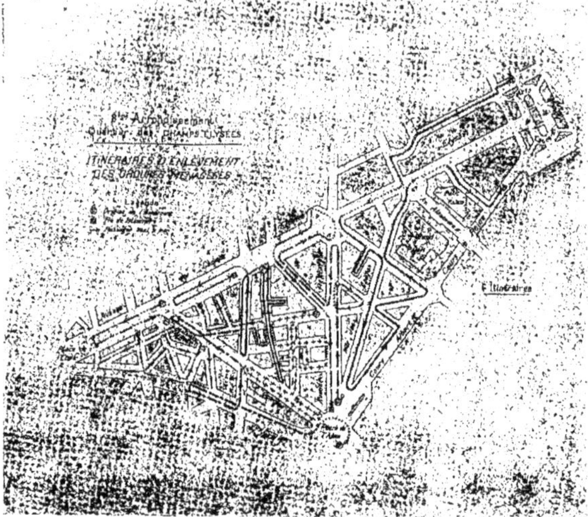

Fig. 16. — Itinéraire de collecte.

cilement et l'on doit prévoir son remplacement par un cantonnier titulaire.

Un auto-tombereau dessert en moyenne 130 immeubles offrant à la collecte 150 boîtes. Les tronçons de rues qu'il doit parcourir constituent son « itinéraire » (fig. 16) ; leur longueur totale ne dépasse guère 1 km,500, en sorte que le parcours accompli par un auto-tombereau, aller et retour du garage pour l'exécution d'un itinéraire, est au plus de 15 kilomètres.

Détermination des itinéraires. — Variations quotidiennes de la collecte. — La densité des ordures ménagères varie notablement avec les saisons. L'hiver, elle peut devenir voisine de 1.000 kilogrammes par mètre cube pour tomber, pendant l'été, au-dessous de 300 kilogrammes par mètre cube. Il s'ensuit que la puissance de transport d'un auto-tombereau est limitée l'hiver par le tonnage maximum qu'il peut porter (5 tonnes) et l'été par la capacité sous couvercle de la benne (9 mètres cubes).

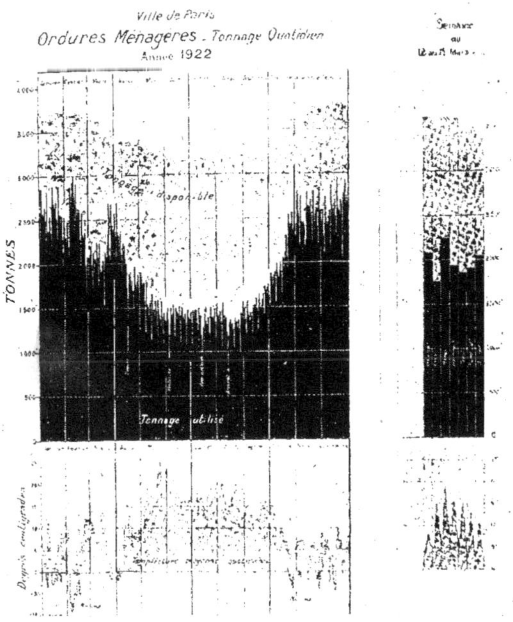

Fig. 17. — Variations de l'importance de la collecte.

Cette puissance est, pour ainsi dire, toujours incomplètement utilisée. Cela tient à ce que la masse d'ordures offerte à la collecte varie constamment de jour en jour. Le graphique ci-joint (fig. 17), relatif à l'année 1922, indique que cette masse suit dans son ensemble une marche inverse à celle de la température et, en outre, présente un minimum le lundi suivi d'un maximum le mardi. Mais ces indications ne se vérifient pas partout, car les variations ont des allures très diverses d'un quartier à un autre.

Étant donné que la journée d'un auto-tombereau représente une dépense notable (130 francs environ), l'Administration a le devoir de rechercher l'économie. La détermination des itinéraires devient dans ces conditions très complexe. On comprend l'embarras du Service qui ne sait pas exactement, chaque matin, l'importance de l'offre qui lui sera faite. Pour ne mettre en marche, ni trop, ni trop peu d'auto-tombereaux, il faut modifier très fréquemment le nombre des itinéraires, de manière à serrer d'aussi près que possible le maximum observable. Or, pour supprimer ou ajouter, dans une région, un itinéraire d'auto-tombereau, il faut décaler les origines et les points d'arrivée d'un grand nombre d'itinéraires de la même région. Par exemple, pour suivre à 10 p. 100 près les variations de la collecte, il ne faut pas remanier moins de 13 itinéraires pour chaque auto-tombereau que l'on ajoute ou que l'on retire ; on doit ainsi modifier l'organisation de la collecte dans deux quartiers, en prenant garde de ne pas trop changer l'heure du passage au droit des divers immeubles, car les riverains tiennent à leurs habitudes.

Les études de détail que nécessite la recherche de l'économie dans l'enlèvement des ordures ménagères sont par conséquent nombreuses et incessantes. Leur résultat est loin d'être négligeable. Pendant l'été de 1922, la réduction par rapport à l'hiver de l'effectif des véhicules en marche a dépassé 20 p. 100, soit, par jour, une économie de plus de 15.000 francs.

Points de départs et d'arrivées des itinéraires. — Pour l'exécution d'un itinéraire, le Service Municipal doit assurer la réunion de cinq personnes, à savoir : le conducteur de l'auto-tombereau qui arrive du garage, les trois cantonniers titulaires qui feront office de chargeurs et de balayeur, lesquels viennent de leurs cantons respectifs, et le chiffonnier « tombereautier » qui, en général, avant l'heure de la collecte, travaille comme commis pour le compte d'un chiffonnier « îlotier ». Afin d'éviter aux divers travailleurs les pertes de temps résultant des parcours à accomplir, l'usage est de les prendre au passage, en sorte qu'avant de commencer la collecte un tombereau doit souvent passer par plusieurs lieux de rendez-vous. On s'efforce de simplifier cette organisation en concentrant les rendez-vous des auto-tombereaux relevant d'un même groupe ou « atelier » de cantonnier auprès du local ou « lieu d'appel » où se tient le chef cantonnier. Ce dernier peut ainsi contrôler les arrivées des auto-tombereaux et la formation des équipes, compléter s'il y a lieu ces dernières et prendre la responsabilité de la collecte dès son début. Afin de ne pas créer d'encombrement, le point de concentration est fixé à un carrefour, mais les six ou sept auto-tombereaux d'un « atelier » sont répartis dans les voies adjacentes.

Une fois la collecte terminée, il importe de noter l'importance du chargement des auto-tombereaux, afin de préparer les itinéraires du lendemain. Lorsque la charge est limitée par le poids, c'est-à-dire pendant la saison froide, le renseignement est fourni par la pesée faite à l'usine. Pendant la belle saison, c'est le volume chargé qui intervient; le tassement que subissent les ordures pendant le transport à l'usine oblige à vérifier la charge au moment où la collecte prend fin. On consent souvent un détour de quelques centaines de mètres pour amener les auto-tombereaux d'un atelier à un rendez-vous où se tient le chef cantonnier qui vérifiera leur contenu.

Résultats obtenus pour la collecte. — Perfectionnements possibles. — Actuellement, les opérations de la collecte se font en tout temps avec une régularité remarquable, quelles que soient les intempéries, et la population s'en trouve satisfaite. En outre, grâce aux dispositifs de couvercles et de basculement automatique dont les bennes sont munies, le transport aux usines et le déchargement se font dans d'excellentes conditions.

Cela ne veut pas dire que le système employé soit parfait. Ses défectuosités sont, au contraire, connues. Nous énumérons les principales. La collecte, qui s'étend en hiver sur deux heures, pourrait être faite plus rapidement. La durée serait réduite à moins de une heure et demie en employant trois chargeurs au lieu de deux et à moins de une heure avec quatre chargeurs. Le matériel permet d'employer quatre chargeurs. On ne le fait pas par raison d'économie.

Les auto-tombereaux ne faisant qu'un seul tour ne sont utilisés chaque jour que pendant quatre heures au plus, après quoi ils restent au garage. Leur faible utilisation rend leur fonctionnement onéreux. On s'efforce de les employer à d'autres travaux, notamment à des transports commerciaux rémunérateurs (fig. 15) et à la collecte dans les communes de la banlieue. Mais dans celles-ci, l'état d'esprit est le même qu'à Paris : les habitants n'admettent généralement pas d'être desservis en second tour.

Les hygiénistes condamnent, non sans raison, le chiffonnage sur la voie publique et le déversement des boîtes à ciel ouvert. L'emploi des bennes à bord très abaissé a réduit, mais non supprimé, les inconvénients de ce mode de chargement.

L'Administration municipale connaît bien le procédé qui satisferait à toutes les exigences. Il consisterait à faire emploi de boîtes échangeables. La collecte se ferait alors en remplaçant simplement dans chaque immeuble la boîte pleine par une boîte vide. Les boîtes pleines seraient ouvertes seulement aux usines, où elles seraient nettoyées. Les véhicules automobiles existants resteraient utilisables; il suffirait de remplacer leur benne basculante par une plate-forme appropriée au transport des boîtes. Du coup, le chiffonnage sur la voie publique disparaîtrait. Dès 1915, les boîtes échangeables étaient proposées au Conseil municipal par l'Administration (Mémoire préfectoral du 20 novembre 1915).

La question financière a jusqu'ici arrêté toute application de ce procédé perfectionné. On comprend qu'il faudrait plusieurs jeux de boîtes (sans doute trois : un jeu en remplissage, un jeu en transport, un jeu en nettoyage ou réparation). Chaque jeu comporterait environ 120.000 boîtes, et les usines ne disposent pas des installations nécessaires pour les recevoir.

Au surplus, les dépenses que nécessitent la collecte et l'évacuation telles qu'on les pratique actuellement sont notables ; elles dépassent annuellement 30 millions. Pour les couvrir, l'Administration municipale a dû renoncer à la gratuité jusqu'ici accordée à l'enlèvement, pour envisager, comme on l'a vu au Chapitre III, la perception d'une taxe représentant exactement le coût du service rendu, c'est-à-dire, en principe, proportionnelle au cube de la boîte d'immeuble. La question est actuellement soumise à l'examen des pouvoirs publics.

L'application d'une taxe proportionnelle au cube offert à la collecte remédiera à l'une des défectuosités qui rendent coûteux le système parisien, à savoir la tolérance accordée aux déchets commerciaux, que les habitants incorporent à leurs ordures ménagères dans une proportion chaque année plus élevée, ainsi qu'on l'a dit.

CHAPITRE V

ÉVACUATION DES ORDURES MÉNAGÈRES. USINES DE TRAITEMENT

Plan général de l'évacuation des ordures ménagères de l'agglomération parisienne. — Le plan de l'évacuation des

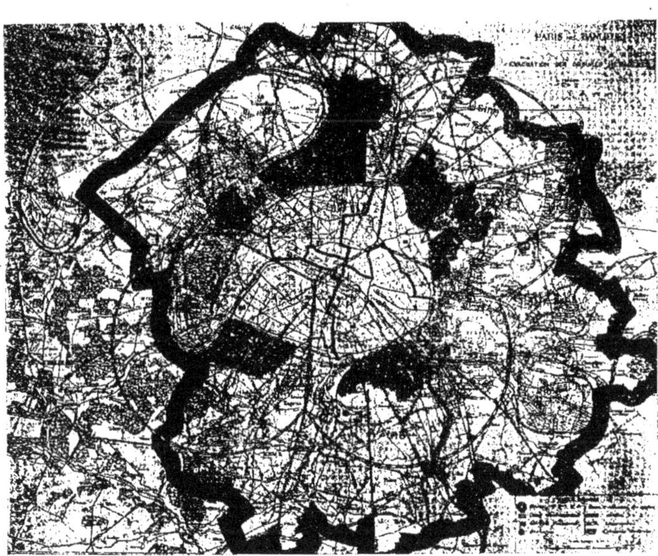

Fig. 18. — Plan général de l'évacuation.

ordures ménagères (fig. 18) est basé sur le fonctionnement des quatre usines de traitement que Paris a établies à ses portes mêmes : à Romainville, Saint-Ouen, Issy-les-Moulineaux et Ivry. La Capitale et sa banlieue sont divisées en quatre grands secteurs ressortissant chacun à une usine de traitement. Dans chaque secteur sont deux ou trois garages d'auto-tombereaux qui, actuellement, amènent à l'usine la totalité des ordures parisiennes et une partie de celles de la banlieue (18 communes sur 78).

Chaque usine, reliée à la fois aux voies ferrées et à la voie d'eau, est disposée pour tirer de la gadoue le meilleur parti économique. Elle peut charger directement les ordures en wagon ou en bateau, les cribler ou broyer pour en extraire de l'engrais, ou les incinérer pour produire de la vapeur qui, à son tour, est transformée en énergie électrique et des mâchefers convertis ensuite en briques. — En outre, pour parer à un arrêt possible d'une usine, des décharges sont aménagées, les unes à titre essentiellement provisoire aux confins du département de la Seine (à Villejuif, à Sucy-Bonneuil, etc...), les autres, ayant un caractère plus durable, dans un rayon de 60 kilomètres (aux Mureaux, à Sainte-Escobille près d'Etampes, etc...).

A mesure qu'elles se couvrent d'habitations, les communes de la banlieue parisienne éprouvent de plus en plus de difficultés à évacuer leurs ordures ménagères, qu'autrefois elles abandonnaient simplement dans les champs. Elles se tournent chaque jour plus nombreuses vers les usines de traitement parisiennes et on prévoit que, dans un avenir un peu éloigné, toutes seront comprises dans l'organisme d'évacuation créé par la Ville de Paris.

Traitement des ordures ménagères. — Dans l'usine, les ordures sont appropriées en vue de leur utilisation future.

On a indiqué que les auto-tombereaux se déchargeaient généralement dans des fosses (fig. 19). Les ordures y sont reprises par des transporteurs à courroie ou des bennes preneuses qui les amènent aux divers appareils de traitement.

On ne traite évidemment que la quantité nécessaire. L'excédent destiné, soit à être vendu comme engrais à l'état brut, soit à être mis en décharge, est embarqué directement sur wagons ou en péniches, en sorte que chaque soir la totalité de la collecte de la journée est disparue et que les fosses sont vides.

Parmi la masse qui est admise au traitement, une première partie est broyée, après triage à la main des matières inertes (verrerie, ferraille, etc.), puis vendue comme engrais.

Fig. 19. — Usine de Romainville. Réception en fosse.

Fig. 20. — Usine d'Ivry. Cribleurs.

L'autre partie est criblée. Le tamis (fig. 20) est constitué par un cylindre tournant, de grandes dimensions, incliné à 45° environ et dont la paroi latérale est percée de trous de 2 centimètres et plus de diamètre. Les parcelles fines ou « poudreau » constituent un engrais de choix.

Les grosses parties rejetées par les cribles ne sont bonnes qu'à incinérer ou à mettre en décharge.

On voit que les ordures reçoivent trois destinations principales

la mise pure et simple en décharge,
l'emploi comme engrais,
l'incinération

Utilisation de la gadoue comme engrais. — Les ordures constituent une matière extrêmement hétérogène et dont les qualités varient énormément suivant les saisons, les jours et les localités d'où elles proviennent.

Les proportions d'engrais qu'on peut en tirer sont sensiblement les suivantes :

EN POIDS		HIVER	ÉTÉ	MOYENNE
Engrais	criblé	$\frac{20}{100}$	$\frac{50}{100}$	$\frac{30}{100}$
	broyé ou trié	$\frac{40}{100}$	»	$\frac{26}{100}$
Incinération ou mise en décharge (rejet)		$\frac{40}{100}$	$\frac{50}{100}$	$\frac{44}{100}$

La gadoue de Paris est d'ailleurs une grande voyageuse. Elle est répandue sur tous les terrains de grosse culture, dans un rayon de plus de 100 kilomètres autour de la Capitale. Mais sa vente devient chaque jour plus difficile, car elle rencontre un concurrent sérieux dans les engrais chimiques, et ses qualités fertilisantes semblent s'appauvrir à mesure qu'on développe les lavages. En outre, elle n'est acceptée par les cultivateurs qu'en certaines saisons, en sorte que, dans l'intervalle des périodes de vente, on doit la mettre en dépôt, pour effectuer ensuite une reprise coûteuse.

Incinération. — Le seul procédé vraiment industriel d'utiliser en tout temps les ordures ménagères est de les incinérer.

Sous une chaudière, 1 kilogramme de gadoue peut engendrer moyennement 1 kilogramme de vapeur que l'on emploie à produire de l'énergie électrique, en même temps qu'il laisse une quantité notable de mâchefer qui sert à faire des briques.

Le tableau qui suit indique les qualités de la gadoue parisienne à l'état brut. Étant donné ce qui a été dit plus haut de son hétérogénéité, les chiffres de ce tableau doivent être tenus pour très approximatifs.

	HIVER	ÉTÉ	MOYENNE
Densité apparente au moment du chargement en tombereau (kg. par m^3)	650	350	500
Pouvoir calorifique (calories par kg.)	2000	1000	1500
Kg. de vapeur pouvant être moyennement produit par 1 kg. de gadoue	1.300	0.700	1.000
Kg de mâchefer par kg. de gadoue	1/3	1/9	2/9

Composition de l'usine de traitement. — Pour recevoir et traiter complètement chaque jour 1.200 tonnes d'ordures ménagères, l'usine doit être dotée des aménagements suivants :

1° Un quai de chargement direct sur wagons et un appontement pour embarquement en péniches ;

2° Une fosse de réception pour 600 mètres cubes au moins sous hangar (fig. 19) ;

3° Des silos pour 400 mètres cubes ;

4° Des cribleurs pour 100 tonnes-heure (fig. 20) ;

5° Une salle d'incinération pour 100 tonnes-heure (fig. 21) accompagnée de générateurs de vapeur de puissance appropriée (130 tonnes-heure) ;

6° Une salle électrique contenant des turbo-alternateurs d'une puissance de 15.000 kilowatts ;

Enfin, une briqueterie pour 150.000 briques par jour.

Toutes ces installations sont reliées par des transporteurs (à gadoue, à mâchefer, à briques, etc.), en sorte qu'à première vue une usine de traitement apparaît comme une vaste manutention mécanique.

La superficie indispensable est moyennement de trois hectares.

Ces installations sont celles que l'on développe dans chacune des quatre usines de traitement que la Ville de Paris possède à Romainville, Saint-Ouen, Issy-les-Moulineaux et Ivry, et qu'elle fait, depuis le 1er janvier 1921, exploiter par un régisseur intéressé : la Société « Traitement Industriel des Résidus Urbains ».

Fours d'incinération. — La gadoue est capable de brûler seule en plein air. L'incinération est encore meilleure dans un four où l'air nécessaire à la combustion est amené sous la pression d'un ventilateur et, grâce à un jeu de récupérateurs, arrive chaud au contact des ordures.

Il est avantageux de dessécher celles-ci avant que de les incinérer, en sorte que leur déplacement dans les fours devrait se faire en deux temps : séchage, puis incinération.

Jusqu'ici, les fours continus que l'on a tenté de faire fonctionner avec de la gadoue ont échoué. Tous les fours en fonctionnement à Paris sont à alimentation discontinue. La gadoue y est introduite par charge de 1 mètre cube environ. Quelques-uns sont de types anciens (Meldrum, Heenan et Froude, Herbertz). On les remplace par des dispositifs plus modernes (Bréchot, Boussange).

Les fours de types anciens étaient à large grille (four Meldrum, largeur de grille : 6 mètres) et donnaient lieu à un gâteau de mâchefer de grandes dimensions, très difficile à extraire.

Le progrès a été de diviser le four en compartiments ou « cellules » de faible largeur (environ 1 mètre) placés côte à côte, ce qui diminue les dimensions du gâteau, et d'employer les moyens de manutention mécanique pour amener la gadoue et enlever les mâchefers.

Dans le four Heenan et Froude (fig. 21), les parois des cellules sont partiellement en tôle et l'extraction des gâteaux de mâchefer se fait au moyen d'une barre à talon que l'on tire avec un treuil.

Dans le four Herbertz, l'emploi de la fonte est devenu général pour toutes les cellules, dont les parois sont creuses et constituent des coffrets à l'intérieur desquels on envoie l'air soufflé qui en sort au travers de petits trous.

Les fours modernes dérivent des précédents. Dans le four Boussange, que l'on substitue comme transformation aux autres types, les parois des cellules sont des boîtes en fonte très faciles à remplacer.

Le four Bréchot est caractérisé par une sole à doubles parois en fonte qui peut basculer autour d'un axe pour en évacuer le mâchefer.

Briqueterie. — Le mâchefer est un sous-produit abondant et gênant. A l'état brut, il n'a pas de valeur et on ne peut que le mettre

Fig. 21. — Usine de Saint-Ouen. Batterie de fours d'incinération.

en décharge. En le broyant, on peut en faire un gravillon susceptible d'être employé à l'empierrement des routes et chemins. Celui qui provient de l'incinération des ordures ménagères d'hiver peut servir à faire des briques et devenir une source de profit. C'est qu'il contient une notable quantité de silice capable, sous l'effet d'un courant de vapeur, de réagir sur de la chaux et de constituer une pierre artificielle résistante (brique silico-calcaire).

On annexe par conséquent une briqueterie à chaque usine de traitement. Les opérations en sont les suivantes :

Au sortir du four d'incinération, le gâteau de mâchefer est *éteint* en le plongeant dans une cuve pleine d'eau, — puis *broyé* en poudre fine. Ensuite, il est exposé à un courant de vapeur, qui éteint les parcelles de chaux vive, et passe dans un séparateur magnétique qui extrait les débris ferreux. — Alors on en fait, avec de la chaux hydraulique, un mortier très peu mouillé qu'une machine à mouler transforme en briquettes. Celles-ci sont empilées sur des wagonnets qu'on introduit dans un autoclave où s'opère, pendant huit heures, une cuisson par la vapeur vive à 170° (pression : 8 kg. par centimètre).

On produit ainsi des briques excellentes, auxquelles l'on peut seulement reprocher leur teinte noirâtre, peu agréable en parement.

Production de l'électricité. — Problème de l'évacuation. — La Centrale électrique, qui complète l'usine de traitement, n'offre rien de particulier : elle utilise des turbo-alternateurs et ses dispositions générales sont celles aujourd'hui classiques de toutes les grandes centrales thermiques.

C'est seulement par son intervention que l'évacuation des ordures ménagères peut cesser d'être onéreuse, ainsi qu'on va l'expliquer, étant entendu que les prix cités ne constituent que des indications facilitant l'exposé.

Aujourd'hui que l'on ne tolère plus de « voirie » à proximité des lieux habités, la mise en décharge des gadoues coûte sensiblement autant que l'incinération opérée uniquement pour détruire les ordures sans utiliser les sous-produits (électricité, briques), soit 15 francs par tonne de gadoue incinérée. La mise en décharge du mâchefer revient à 6 francs la tonne de mâchefer.

D'autre part, les ventes des sous-produits que l'on peut tirer des ordures ménagères conduisent aux résultats suivants :

La gadoue *brute* se vend parfois comme engrais pour le prix du transport. L'usine de traitement doit seulement supporter les frais de réception et de chargement sur wagons, soit 3 francs par tonne de gadoue brute. La gadoue *broyée* se vend *au pair*, c'est-à-dire pour un prix couvrant les frais de réception, broyage, chargement et transport. Le *poudreau* procure, tous frais de traitement et transport payés, un bénéfice de 5 francs par tonne de poudreau.

Les *briques* laissent, en couvrant les dépenses de fabrication à partir du mâchefer sortant des fours et de transport, un bénéfice de 10 francs par tonne de briques.

Enfin, la vente de *l'énergie électrique* couvre les frais de réception et d'incinération des ordures, de production de l'électricité et d'évacuation du mâchefer aux décharges, — en sorte que si l'on pratique l'incinération en produisant tout à la fois de l'électricité et des briques, on réalise un bénéfice de 3 francs par tonne de gadoue traitée.

L'exploitant de l'usine de traitement évolue au milieu de divers facteurs économiques. Voici les principaux résultats auxquels il peut arriver, en partant d'une tonne d'ordures ménagères :

			Par tonne d'ordures ménagères reçue.	
			Perte.	Bénéfice.
Hiver comme Été	tout mettre en décharge		15 »	»
	tout incinérer en mettant le mâchefer en décharge		15 »	»
Hiver	tout incinérer et faire des briques		10 »	»
	tout incinérer, faire de l'électricité et des briques		»	3 »
	faire $0^T,200$ de poudreau et $0^T,400$ de gadoue broyée et			
	incinérer $0^T,400$	en mettant le mâchefer en décharge	5 »	»
		en faisant des briques	3 »	»
		en faisant de l'électricité et des briques	»	2,40
Été	tout vendre comme gadoue brute		3 »	»
	tout incinérer, faire de l'électricité, mettre le mâchefer en décharge		0	0
	faire $0^T,50$ de poudreau, faire de l'électricité, mettre le mâchefer en décharge		»	2,50

S'il est contraint de se débarrasser des matières à titre onéreux, il dépense jusqu'à 15 francs par tonne. S'il réussit à vendre une partie des sous-produits, il réduit peu à peu cette perte et la transforme même en un léger bénéfice, en faisant état de toutes ses ressources.

L'évacuation des 800.000 tonnes que produit annuellement la Capitale peut ainsi, suivant l'activité de l'exploitant des usines, coûter 12 millions ou rapporter 2 millions, soit un écart de 14 millions.

Le problème est compliqué par l'irrégularité saisonnière de tous les facteurs : masse et qualités des gadoues à traiter ; demandes d'engrais, de briques et d'énergie électrique.

La cause la plus influente de réduction des dépenses est la production de l'électricité. Pour rendre cette production indépendante des fluctuations quotidiennes de la collecte, on a appliqué à Paris deux procédés également efficaces. Le premier a consisté à annexer à l'usine de traitement une chaufferie au charbon, que l'on met en marche lorsque l'incinération est en défaut. A cet effet l'usine d'Ivry possède une batterie de quatre générateurs Kestner pour 9.000 kilog. de vapeur-heure chacun, et l'usine de Romainville une batterie de huit générateurs Niclausse et Babcock pour 4.500 kilog. de vapeur-heure chacun, tous ces générateurs étant munis de grilles mécaniques pour le charbon. Le second procédé est de verser l'électricité produite par les usines de traitement dans un réseau de distribution desservi par des centrales puissantes, qui, le cas échéant, soutiennent les premières. C'est ainsi que l'usine de Saint-Ouen était reliée au réseau du « Triphasé » et l'usine d'Issy-les-Moulineaux à celui de la Société électrique des Moulineaux.

Tous les secteurs de la banlieue de Paris vont fusionner dans un réseau unique, celui de l'Union d'Électricité. Les usines de traitement d'ordures ménagères seront de leur côté reliées au même réseau, en sorte que leurs chaufferies au charbon ne seront pas développées davantage.

Constatons, pour terminer, la revanche éclatante que l'industrie moderne aura procurée à la chose immonde. On la rejetait avec dégoût de nos maisons. Elle y revient, fournissant des matériaux pour les construire, de la force motrice pour soulager la main-d'œuvre et de la lumière électrique pour augmenter notre confort.

CHAPITRE VI

APERÇU SUR LES TRAVAUX DE NETTOIEMENT

Aspect général d'une voie publique. — La composition d'une voie publique moderne est maintenant bien définie : au-dessous, un réseau de Métropolitain et d'égouts accompagné de conduites de toutes sortes : eau, gaz, électricité, et d'ouvrages d'art, parmi lesquels les lieux d'appel du Nettoiement. A la surface, une chaussée centrale bordée de deux trottoirs avec caniveaux et divers ouvrages ayant un but d'ornement (monuments, arbres, etc.) ou utilitaire (kiosques, urinoirs, bancs, poteaux de trolley, baraques). A chaque carrefour, des plaques indiquent le nom des rues

Précisons qu'on désigne sous le nom de *caniveau* la zone de chaussée de 1 mètre de largeur qui longe chaque bordure de trottoir.

Travaux de Nettoiement. — A Paris, en outre de l'enlèvement des ordures ménagères, le Service du Nettoiement est chargé de rendre propre tout ce qui est à la surface, en partant du revêtement lui-même pour aboutir aux plaques de noms de rues. Quelques-uns de ses travaux peuvent passer pour grandioses : soins donnés aux chaussées et trottoirs, lutte contre le glissement et la poussière ; nettoyage des halles et marchés, etc... D'autres sont menus, mais très nombreux ; on en fera l'énumération en parlant des cantonniers qui les exécutent.

Chaussées et trottoirs. — La tâche principale du service concerne le maintien en état de propreté de la surface des revêtements des voies publiques. Au 1er janvier 1922, cette surface était de 17 millions de mètres carrés, savoir :

9.468.800^{m2} de chaussées, dont	5.416.200^{m2}	revêtus de pavage en pierre.
	2.461.500^{m2}	d° bois.
	919.100^{m2}	d° d'asphalte.
	672.000^{m2}	d° d'empierrement.

et 7.340.000^{m2} de trottoirs et contre-allées, dont	4.642.100^{m2} de trottoirs en bitume ou revêtus d'asphalte.
	937.100^{m2} de trottoirs revêtus de dalles en granit ou pavés en pierre.
	338.400^{m2} de trottoirs en terre et revers pavés.
	1.422.400^{m2} de contre-allées sablées.

La surface des chaussées peut être séparée en :

1.900.000^{m2} de caniveau.
7.568.800^{m2} de partie centrale.

Pour le nettoiement, la surface totale est divisée en deux parties sensiblement équivalentes respectivement entretenues : l'une par des engins mécaniques, et l'autre à bras.

A la machine, on balaie, lave, caoutchoute et arrose la partie centrale des chaussées, soit 7.600.000 mètres carrés environ. A bras, on nettoie avec grand soin la partie des chaussées qui concerne les caniveaux, soit 1.900.000 mètres carrés, et, avec bien moins d'attention, les trottoirs et contre-allées, soit 7.340.000 mètres carrés.

Définition du réseau des rues. — Le Nettoiement pénètre ainsi dans toutes les voies.

D'après les états de la taxe de balayage, Paris possède 3.856 rues, boulevards ou avenues, dont 3.405 classés et 451 non classés.

Mais la désignation patronymique des voies n'est pas ce qui intéresse le Nettoiement ; ce sont plutôt leurs dimensions et leurs points de coupure ou carrefours. Pour dominer sa tâche, le technicien du Nettoiement a dû se définir le réseau urbain et en établir, pour chacune des opérations qu'il accomplit, une théorie, tout au moins pour des cas simples, se rapprochant du damier des villes américaines. Ces théories ne sont que des chapitres de l'étude de ce grand problème de la circulation, que les villes modernes n'arrivent pas à résoudre. On fera connaître leurs principales conclusions en parlant des opérations elle-mêmes.

Le réseau urbain de Paris a une longueur de plus de 1.000 kilomètres ; il présente 5.004 carrefours ayant de 3 à 12 branches. On appelle branche un tronçon de voie compris entre deux carrefours. Il y a 8.768 branches, dont la longueur moyenne est de 130 mètres. Plus de la moitié des carrefours n'a que trois branches. Le cas général des croisements de rues à Paris correspond, par conséquent, à la simple dérivation. Seuls, les carrefours importants ont reçu des noms spéciaux et sont dénommés places. Cependant certaines places, par exemple la place Vendôme, ne sont pas des carrefours.

Importance de la forme des surfaces des revêtements. — Sous le climat parisien, la pluie tombe un jour sur deux, et lorsqu'elle est suffisamment abondante produit naturellement un lavage efficace, à la condition de pouvoir s'écouler facilement. Les surfaces des revêtements sont disposées en conséquence. Les chaussées, ainsi que les trottoirs, ont, suivant le profil en travers, une pente prononcée vers les caniveaux. Les caniveaux jouent par conséquent le rôle de collecteurs pour la partie centrale de la chaussée et pour les trottoirs : on leur ménage une pente en long. Interrompus aux carrefours, ils forment, autour de chaque îlot de maisons, une ceinture fermée, ayant un ou plusieurs points bas où sont placées les bouches d'égout, séparés par des points hauts où l'on dispose une bouche de lavage ; la ceinture est ainsi divisée en plusieurs biefs allant d'un point haut au point bas voisin.

Les indications ci-dessus expliquent pourquoi les opérations du nettoyage sont différentes pour le centre de la chaussée, pour les trottoirs et pour les caniveaux.

Sur une surface de voie publique convenablement aménagée et qui ne présente pas de dépressions accentuées ou « flaches », les eaux de ruissellement ne peuvent séjourner. Il s'ensuit qu'un revêtement en bon état se maintient à sec automatiquement.

Il est également plus facile à maintenir propre. Les flaches sont, en effet, des obstacles pour le Nettoiement qui n'arrive qu'à grands frais à enlever les boues qui s'y accumulent. Sur ce point, le Nettoiement est dans une dépendance étroite vis-à-vis du Service de la voie publique à qui il peut dire : « Maintenez l'uni des surfaces, et leur nettoiement sera bon, à peu de frais ».

En outre, et pour les mêmes raisons, les revêtements *lisses* (asphalte, pavés de bois) pourront faire l'objet d'un nettoiement plus poussé que les revêtements rugueux (pierre), ainsi qu'on le verra plus loin

Procédés de nettoiement des revêtements. — A. *Nettoyage en « recherche ».*— Pour nettoyer un revêtement, on peut procéder de plusieurs façons. La première idée est de se rendre auprès de chaque immondice et de l'enlever isolément en la plaçant dans un engin de transport : pelle, brouette, tombereau, avec lequel on l'évacuera. C'est le nettoyage en *recherche*, que sans doute exécutaient les bourgeois d'autrefois. Les « grooms » qui, sur les chaussées de Londres, enlèvent à la pelle le crottin dès qu'il tombe sur la chaussée, le pratiquent. Les cantonniers du Nettoiement ne font pas autre chose, à Paris, sur la plupart des trottoirs et aussi dans les travaux d'après-midi sur les chaussées. On a tenté de le faire mécaniquement sur les chaussées au moyen d'une voiture balayeuse légère (tricycle crottineur Jacquelin).

Le procédé est économique, mais pour en obtenir un bon résultat il nécessite du discernement et une certaine conscience qu'on ne rencontre pas toujours chez l'exécutant.

B. *Nettoyage par translation générale.* — La méthode qui a prévalu dans le Nettoiement est celle qu'applique la ménagère dans son appartement. Elle consiste à faire passer l'outil de nettoyage uniformément sur *toutes* les parties de la surface, que ces *parties soient sales ou non*, et d'acheminer pour ainsi dire par étapes les débris vers le point d'enlèvement. L'outil opère une translation générale sur le sol ; le travail devient quasi-automatique, c'est-à-dire indépendant de l'ouvrier ; il peut être fait à la machine.

Ajoutons que, sur les voies publiques, le déplacement des matières doit suivre en principe la pente superficielle, afin qu'une même opération s'applique indifféremment aux impuretés solides ou liquides et qu'on puisse faire appel à un auxiliaire précieux : l'eau.

Opérations du Nettoiement des revêtements par translation générale. — Mettant à part l'arrosage, qui n'est qu'un travail préventif ne faisant disparaître aucune souillure, le nettoyage des revêtements par translation générale donne lieu, à Paris, à deux catégories d'opérations : le *balayage* et le *lavage*.

Dans le *balayage*, la translation des détritus est obtenue par la poussée d'un outil ou « balai » composé d'un faisceau de brindilles plus ou moins souples qu'on déplace en l'appuyant sur le sol. Chaque brindille gratte le revêtement et en arrache les particules détachables. Le balai tend évidemment à soulever les corps légers et à produire de la poussière. On combat celle-ci par l'*humectage*, c'est-à-dire par une aspersion d'eau en fines gouttelettes avant le passage du balai.

Le *lavage* consiste à lancer sur le sol, sous une faible inclinaison, un ou plusieurs jets d'eau sous pression, qui le décapent et transportent sur une certaine distance les souillures ainsi détachées et transformées en boues. La translation est donc obtenue par l'action mécanique de l'eau.

Sur un revêtement en bon état, le lavage simple est une opération suffisante. Si le revêtement est déformé par des flaches, l'eau enlève bien les détritus contenus dans celles-ci, mais elle-même y séjourne. Le lavage doit alors être complété par un *balayage* qui vide les flaches.

Lorsqu'on a affaire à un revêtement lisse (asphalte, bitume ou bois en bon état) on peut parfaire le lavage en le faisant suivre d'un *caoutchoutage* qui assèche immédiatement le sol. A cet effet, on promène en l'appuyant sur toute la surface, une lame ou « raclette » *de caoutchouc* tenue verticalement. On peut alors réduire la quantité d'eau employée au lavage, la supprimer même en cas de pluie, pour faire effectuer par le jeu de la raclette la translation des boues.

Enfin, il est évident qu'on doit nettoyer les revêtements sans les détériorer. Les pavages, en pierre ou en bois, le bitume et l'asphalte, supportent les actions énergiques des engins balayeurs et laveurs. Il n'en est pas de même pour l'empierrement, qu'on ne peut balayer ou laver qu'avec précaution et qui exige des soins spéciaux, non plus que pour les contre-allées et trottoirs sablés ou à l'état de terre, qu'on ne peut nettoyer qu'en recherche.

Au surplus, l'empierrement disparaît rapidement des chaussées urbaines, dont le fait exclure son défaut de tenue. En le laissant de côté, on voit qu'on exécute sur les revêtements urbains les opérations suivantes :

Chaussée revêtue de :

pavage en pierre	en bon état . . .	Balayage-humectage	et lavage simple.
	en mauvais état.	d°	et lavage-balayage.
pavage en bois	en mauvais état.	d°	et d°
	en bon état. . .	d°	et lavage-caoutchoutage.
asphalte		d°	et d°

Trottoir revêtu de :

bitume ou granit	en bon état . . .	Balayage-humectage	et lavage-caoutchoutage.
	en mauvais état.	d°	et lavage-balayage.
Caniveau		Balayage avec ramassage des détritus, et lavage avec coulage à l'égout des détritus.	

Bien entendu, lorsqu'il pleut avec une intensité suffisante, on réduit et même supprime le répandage d'eau pour humectage ou lavage.

Après avoir examiné le matériel employé, on passera successivement en revue les diverses opérations sus-énumérées.

CHAPITRE VII

MATÉRIEL EMPLOYÉ POUR LE NETTOIEMENT DES VOIES PUBLIQUES

Nettoiement à bras. — L'outillage du nettoiement à bras des revêtements (balai de bouleau, balai-brosse, raclette en caoutchouc, lance d'arrosage, chiffon de barrage, pelle, brouette, etc...) est bien connu. On se borne ici, à son sujet, aux détails qui suivent :

Le balai de bouleau est l'arme favorite du cantonnier. Constitué par des brindilles d'un diamètre au plus égal à $0^{m},007$ et longues de $0^{m},75$ à $0^{m},90$, il comporte trois ligatures en fil de fer ou deux éclisses en rotin et doit avoir, à l'endroit ligaturé, une circonférence de $0^{m},30$ au moins. Le cantonnier enfonce dans la partie ligaturée l'extrémité d'un manche en frêne (diamètre $0^{m},03$, longueur $1^{m},80$). Suivant qu'il veut balayer une surface plus ou moins grande, il saisit le manche plus ou moins loin du balai.

On a essayé, sans succès, de faire des balais avec d'autres matières végétales que le bouleau, notamment avec de la bruyère et du genêt. Seules, les brindilles de bouleau réunissent les qualités de légèreté, de souplesse et de résistance voulues.

Le balai-brosse est constitué par une large brosse garnie de touffes de bambou et placée normalement à l'extrémité d'un manche. Elle est très efficace contre la boue. Les cantonniers la trouvent trop lourde.

La raclette en caoutchouc consiste en une lame de caoutchouc de $0^{m},82$ de longueur, sur $0^{m},08$ de hauteur et $0^{m},007$ d'épaisseur, maintenue par une armature en fer placée à l'extrémité d'un manche.

La lance d'arrosage est un ajutage convergent en cuivre, avec robinet, relié par un tuyau souple à une prise d'eau ou bouche d'arrosage placée sur le trottoir et alimentée elle-même par la canalisation d'eau urbaine. Le tuyau souple peut être en caoutchouc, en toile, en cuir, etc. Le Service municipal parisien emploie surtout un « chapelet » avec ou sans roulettes, constitué par des tuyaux de fer-blanc (longueur 2 mètres, diamètre 0m,031) placés bout à bout et réunis par des « jonctions » en cuir gras rivé ou en caoutchouc.

En obturant plus ou moins le bec de la lance, soit avec le robinet, soit avec le doigt, et en inclinant plus ou moins la dite lance, le cantonnier réalise l'humectage, l'arrosage et le lavage.

Le chapelet a communément 12 à 14 mètres de longueur, et la portée du jet qui sort de la lance ne dépasse guère 12 mètres. L'ensemble permet d'arroser dans un rayon de 25 mètres de la bouche.

La perte de charge (en mètres d'eau) atteint, très approximativement :

dans la lance : $H = 2,8\ V^2$;

dans le tube : $H = 0,25\ V^2$ (par mètre de chapelet), V étant le débit en litres par seconde. Bien entendu, la perte de charge dans le tube augmente notablement si le tube est replié par suite des étranglements aux jonctions.

Nettoiement mécanique. — A. *Balayage.* — L'outil mécanique est le balai-rouleau. C'est une brosse cylindrique montée sur une voiture et dont l'axe fait un angle d'environ 38° avec l'essieu. Une transmission, par engrenages et chaîne, anime la brosse d'un mouvement de rotation de sens contraire au déplacement du véhicule. Grâce à cette rotation, les brins de la brosse grattent le sol et entraînent en avant et vers la droite les corps qui le recouvrent, lesquels se trouvent finalement condensés à la droite du balai en un tas allongé appelé *cordon*. La zone balayée forme un rectangle long de plusieurs centaines de mètres et large d'environ 1m,70. On l'appelle *trait*.

Le balai est entraîné par l'essieu arrière [1]. Il est constitué par une partie centrale ou « fût » formée d'un cylindre en bois (diamètre 0m,14) dont la surface latérale est percée de 910 alvéoles circulaires disposées suivant des sections droites. Dans chaque alvéole (diamètre 0m,012, profondeur 0m, 010) on scelle à la poix une touffe de brindilles végétales appelée « loquet ».

Les premiers balais-rouleaux ont été garnis de piazzava, fibre provenant d'un palmier du Brésil. Le piazzava ne donne qu'un frotte-

(1) Pour un tour du balai, le véhicule parcourt environ 1m,88.

ment doux et coûte cher. On l'a remplacé par le bambou en lamelles, meilleur marché, et qui réalise un grattage plus énergique.

Le balai-rouleau se présente, en conséquence, sous la forme d'une brosse cylindrique dont le diamètre varie de $0^m,62$ à $0^m,31$ suivant l'usure des fibres, soit en moyenne $0^m,46$. Il est partiellement soutenu par un ressort. Sous l'effet de son poids, les « loquets » en contact avec le sol s'écrasent ; les diverses brindilles d'un même loquet s'écartent, couvrant une largeur supérieure au diamètre de l'alvéole. En faisant varier la tension du ressort, on règle la pression du balai sur le sol. Trop peu serré, le balai-rouleau est sans effet. Si on l'appuie trop, les loquets se couchent et s'usent prématurément. En outre, ils produisent sur le sol un effet de lissage et, en se redressant à bout de course, à la façon d'un ressort trop bandé, projettent violemment les matières en avant. Il existe une bonne position intermédiaire, qu'on doit fréquemment rectifier, car les loquets s'usent rapidement (d'environ 1 millimètre par kilomètre balayé).

Un objet placé sur le sol et rencontré par un loquet est entraîné par ce dernier en avant et obliquement ; il est amené ainsi sur le passage d'un autre loquet situé à droite, qui l'entraîne à son tour. L'objet précède constamment le véhicule ; il avance par soubresauts en se déplaçant en outre latéralement. Suivant le degré d'usure du balai, un parcours de 5 à 9 mètres (moyenne 7 mètres) est nécessaire au véhicule pour provoquer une translation latérale de $1^m,60$ environ.

Pour atténuer le soulèvement de poussière produit par le balai-rouleau, on l'enferme partiellement dans un carter demi-cylindrique placé vers l'avant, dont le bord est muni d'une garniture en toile ou cuir souple frôlant le sol.

La machine balayeuse simple peut être traînée par un cheval. C'est alors une voiture à deux roues dont la vitesse en travail ne dépasse pas 3,5 kilomètres-heure. Elle peut aussi être montée sur un châssis automobile et constitue en ce cas une voiturette légère (puissance du moteur : 12 chevaux), surélevée de manière que les roues avant puissent passer sous le siège et permettre de virer avec facilité (diamètre minimum de giration : 4 mètres). On la fait couramment travailler à 10 kilomètres-heure, à la condition d'effectuer un humectage suffisant.

Avec tous les engins le conducteur peut, sans quitter son siège, soulever ou appliquer le balai-rouleau. L'engin automobile porte deux compteurs kilométriques, dont l'un enregistre le parcours total accompli par le véhicule, tant en balayage que sans travail; l'autre donne le parcours fait en balayant et permet un contrôle efficace aussi bien du travail utile que de l'usure du balai.

Lorsque l'on balaie une rue, on effectue près de son axe un premier trait utilisant toute la largeur du balai, soit 1m,70. Puis l'engin repasse le long du premier trait qu'il recouvre d'au moins 0m,20 pour reprendre le cordon. Les traits suivant le premier ont donc au maximum une largeur de 1m,50; on ne descend pas, en pratique, au-dessous d'une largeur de trait de 1m,20.

B. *Humectage.* — Avec la traction par chevaux, l'humectage est pratiqué en faisant passer avant la balayeuse un tonneau d'arrosage. Ce dernier est une voiture à deux roues portant une tonne de 1.000 à 1.200 litres de capacité, d'où l'eau s'écoule par gravité dans un distributeur. Le conducteur peut, de son siège, ouvrir ou fermer le robinet commandant le distributeur. Pour humecter, il manœuvre constamment le dit robinet, en ne mouillant ainsi le sol que par places. Le véhicule parcourt au plus 4,5 kilomètres à l'heure.

Il y a intérêt à réunir sur une même voiture : le balai-rouleau et le dispositif humecteur. L'eau peut alors être projetée exactement sur le point où se forme la poussière ; son action est plus efficace en même temps que sa consommation est de beaucoup réduite.

Le Service municipal parisien avait créé une balayeuse-humecteuse à cheval, qui ne s'est pas répandue. L'emploi de l'automobile a permis de réaliser les deux opérations : balayage-humectage, au moyen d'un engin unique : l'auto-balayeuse (fig. 22), qui porte une tonne contenant 400 litres environ. L'eau est reprise dans la tonne par une petite pompe entraînée par le moteur de la voiture et envoyée sous pression dans *l'humecteur* qui la projette en fines gouttelettes un peu en avant du carter du balai-rouleau. Par temps sec, l'humectage est suffisant en répandant 0 litre 10 par mètre carré, et il n'est pas prudent de descendre au-dessous. Bien entendu, lorsque le temps est humide, on peut réduire et même supprimer totalement l'humectage.

Les dispositifs constituant l'humecteur sont variés : le plus simple est constitué par un tube horizontal ou rampe, percé de trous capillaires ; l'inconvénient est que ces trous sont obstrués assez rapidement par les impuretés que contient l'eau de rivière dont on remplit la tonne. C'est pourquoi l'on préfère un autre genre d'humecteur, appelé papillon (S.A.S.M.). Il consiste en un ajutage cylindrique obturé par un clapet dont la surface est striée. L'eau qui sort de l'ajutage frappe le clapet et en suit les stries en se divisant en jets plus ou moins fins. Pour nettoyer l'humecteur, il suffit de lever le clapet et de l'essuyer.

C. *Caoutchoutage.* — On réalise une caoutchouteuse mécanique en montant sur une voiture un train de raclettes en caoutchouc

Fig. 22. — Auto-balayeuse Laffly.

analogues à celle que manie le cantonnier. Afin que le train puisse épouser la forme du profil en travers de la chaussée, chaque raclette doit être mobile par rapport aux autres ; un ressort spécial l'appuie convenablement sur le sol. La raclette est inclinée par rapport à l'essieu de la voiture. L'expérience montre qu'une bonne inclinaison est voisine de celle de 38° citée déjà à propos du balai-rouleau. Les raclettes d'un même train se recouvrent de 0m,20 au moins. Dans ces conditions, avec une pression suffisante, on peut caoutchouter, à 10 kilomètres-heure, un revêtement lisse mouillé.

Le jeu de l'appareil se comprend sans peine. Lorsqu'un corps placé sur le sol est rencontré par une raclette, le frottement sur le sol l'appuie contre la surface de la raclette, qui forme plan incliné et le dévie vers la droite, tout en l'entraînant vers l'avant [1].

L'engin caoutchouteur trace sur le sol un trait de $1^{m},70$ de largeur.

La pratique a montré qu'il y avait avantage à incliner, d'une dizaine de degrés vers l'arrière, la raclette par rapport à la verticale, de manière qu'elle repose sur le sol par l'un des bords de sa section

Fig. 23. — Auto-arroseuse Laffly.

droite et non pas sur toute l'étendue de cette section. Dans cette position, le passage de la raclette assèche complètement le revêtement. Mais la raclette s'use, le bord s'élargit peu à peu et, au bout d'une cinquantaine de kilomètres, toute la section repose sur le sol, le travail devient moins bon, en ce sens qu'une couche d'eau reste adhérente au sol. Il suffit de retourner bout pour bout la lame de caoutchouc pour la faire porter à nouveau sur le bord de sa section et rétablir les meilleures conditions.

(1) Une analyse élémentaire du fonctionnement de la raclette montre que, pour que la translation latérale ait lieu, il suffit que le coefficient de frottement du corps sur la dite raclette soit inférieur à tg 38°. Étant donné qu'on ne caoutchoute que des revêtements largement mouillés, cette condition est généralement satisfaite.

Certains des engins caoutchouteurs en usage à Paris sont disposés pour que le retournement de la lame soit facile et rapide.

D. *Arrosage.* — Lorsqu'on veut forcer l'humectage, la tonne de l'auto-balayeuse devient trop petite et on doit faire précéder l'engin balayeur par un autre portant une plus grande quantité d'eau. C'est l'auto-arroseuse, qui porte 3.200 litres (Laffly, fig. 23) à 3.500 litres (S. A. S. M., fig. 24). L'eau sortant de la tonne est mise en pression

Fig. 24. — Automixte (S. A. S. M.).

par une pompe centrifuge entraînée par le moteur de l'automobile et envoyée dans un distributeur, sorte de cylindre horizontal dont la paroi latérale est percée de petits orifices circulaires, de chacun desquels sort un filet d'eau qui va retomber plus ou moins loin suivant l'inclinaison de l'orifice,

On donne, à propos de la lutte contre la poussière, des détails sur le distributeur d'arrosage qui permet de répandre 0,20 à 1 litre d'eau par mètre carré.

E. *Lavage.* — Le *lavage* consiste à lancer sur le sol, sous une faible inclinaison, un ou plusieurs jets d'eau sous pression. Chaque jet d'eau décape le revêtement et transporte, sur une certaine distance, les souillures ainsi détachées et transformées en boues. Il constitue en quelque sorte un balai hydraulique, souvent plus efficace que le balai-rouleau. L'eau doit être sous pression ; elle est projetée par un *bec laveur*, ajutage en forme de tuyau aplati (ou bec de canard), placé à $0^{m},30$ environ au-dessus du sol et incliné au plus à 45°.

Pendant longtemps on a lavé les chaussées à bras, à la lance.

Dès qu'on a disposé de l'auto-arroseuse avec sa pompe donnant de

Fig. 25. — Lavage sur pavé de pierre (automixte).

l'eau sous pression, on l'a rendue apte au lavage en la munissant de plusieurs becs laveurs, qu'une manœuvre de robinet permet de substituer au distributeur d'arrosage (fig. 24 et 25). Chaque jet de lavage est incliné par rapport à l'axe longitudinal du véhicule, en sorte que les boues se trouvent rejetées à la droite de l'engin, comme avec un balai. A Paris, l'engin capable de laver possède deux jeux de becs laveurs qui peuvent être mis en fonctionnement séparément ou ensemble. Avec un *seul jeu*, il couvre un *trait* de $1^{m},70$ dans l'axe de la voiture; avec les deux jeux, un trait de $3^{m},20$ dont $1^{m},50$ à droite de la voiture. Dans les conditions moyennes, le lavage exige $1^{l},40$ d'eau par mètre carré. Sur les chaussées très souillées, il faut dépenser jusqu'à 2 et même 3 litres par mètre carré, répandus soit en une fois, soit en plusieurs passages de l'engin.

Le même châssis automobile peut, comme on l'a dit, arroser et laver. A Paris, il peut également caoutchouter, en sorte que l'engin

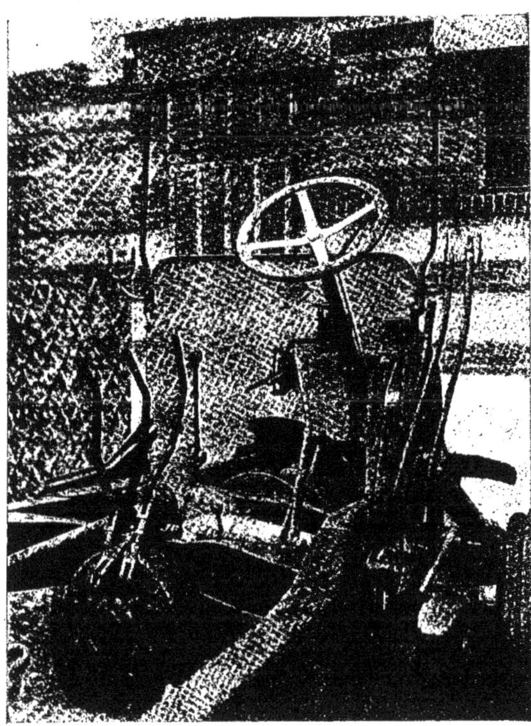

Fig. 26. — Automixte. Commandes du mécanisme.

est une auto-arroseuse-laveuse-caoutchouteuse. Par abréviation, on l'appelle auto-arroseuse (Laffly, fig. 23). Il porte un moteur de 24 chevaux et peut pratiquement tourner dans un rayon de 6 mètres (soit un cercle de 12 mètres de diamètre).

F. *Lavage des caniveaux.* — En dirigeant convenablement les becs laveurs, on peut repousser les boues vers l'avant de la voiture. De là est né l'engin laveur de caniveaux constitué par deux becs : l'un rejette les souillures vers la bordure du trottoir, l'autre les repousse parallèlement à cette bordure. Étant donné la succession de pentes et contrepentes que présente généralement le fond d'un même caniveau, il est indispensable que l'engin puisse indifféremment laver un caniveau à sa droite ou à sa gauche ; l'organe de lavage des caniveaux est par conséquent tout différent de celui qui sert au lavage des chaussées.

Automixte. — On a réussi (S.A.S.M.) à réunir sur un même véhicule tous les appareils de nettoiement de chaussées qui viennent d'être énumérés. On a réalisé ainsi une auto-balayeuse-humecteuse-caoutchouteuse-arroseuse-laveuse et laveuse de caniveaux, que, par abréviation, on appelle *automixte* (fig. 24 à 26). C'est un véritable cantonnier mécanique, doté d'un moteur d'une vingtaine de chevaux et pouvant tourner dans un rayon de 5 à 6 mètres (soit un cercle de 11 mètres de diamètre).

Il ne lui manque, pour pouvoir remplacer en toute occasion sur les chaussées le travailleur manuel du nettoiement, que de pouvoir ramasser les détritus mis en tas ou en cordon.

Remplissage des tonnes. — Les engins de nettoiement vont puiser l'eau nécessaire à leurs opérations à des bouches de remplissage disposées le long des voies publiques, en assez grand nombre pour que le parcours à accomplir par un engin reste inférieur à 400 ou 500 mètres. Le débit des bouches est notable, — en moyenne 500 litres à la minute, soit 30 mètres cubes l'heure. Néanmoins, le temps passé pour le remplissage reste élevé. Ainsi que le montre le tableau plus loin, pour le lavage et l'arrosage, il est supérieur à la durée du travail effectif. On s'efforce de restreindre la durée des remplissages, en augmentant soit le nombre des bouches, ce qui réduit les parcours sans travail, soit le débit des bouches. Sur ce dernier point, on en est encore à la période des essais. Le Service des Eaux a étudié un modèle de bouche de remplissage à grand débit, d'un diamètre de 60 millimètres, dont les dispositions rappellent celles des bouches d'incendie. Il faudrait plutôt en venir au dispositif du château d'eau employé dans les gares de chemin de fer ; mais on ne peut songer à installer des centaines de ces châteaux de remplissage sur la voie publique.

Un dispositif très intéressant de remplissage par château d'eau a été réalisé au garage Nicole, en 1923, par M. l'ingénieur Monnier, qui a fait dudit garage un modèle du genre.

Résumé des conditions de travail des engins. — Les conditions de travail des divers engins sont résumées au tableau ci-après, qui détermine les rendements (surfaces desservies en une heure). Rappelons que l'hippo-balayeuse (vitesse 3,500 km.-heure, largeur moyenne de trait 1m,50) balayait 5.200 mètres carrés-heure, et que l'hippo-arroseuse (vitesse 4,500 km.-heure, intensité 0,09 litre-mètre carré, largeur de trait 5 mètres, durée du remplissage dix minutes) humectait 17.000 mètres carrés-heure.

On remarquera que les surfaces nettoyées ou arrosées avec le contenu d'une tonne correspondent à des quantités d'eau répandue par mètre carré supérieures aux intensités prévues. Cette circonstance est due au recouvrement des traits, nécessaire pour reprendre le cordon.

Le tableau fait ressortir :

— pour le balayage-humectage, l'intérêt de l'automixte dont le rendement dépasse de 20 p. 100 celui de l'auto-balayeuse ;

— pour le lavage, l'économie que procure l'emploi de deux becs, qui permet un rendement supérieur de 30 p. 100 à celui qu'on obtient avec un seul bec ;

— pour l'arrosage, l'avantage de l'engin automobile, qui équivaut à trois tonneaux à cheval.

On voit en outre facilement que :

— pour le balayage-humectage, une automixte fait sensiblement le même travail qu'un groupe composé de un tonneau à cheval et trois hippo-balayeuses, soit quatre engins à cheval ;

— pour le lavage-balayage, deux automixtes remplacent un ensemble formé par deux auto-arroseuses et une auto-balayeuse, soit trois engins.

Enfin, il est utile de noter combien, par suite de l'arrêt pour remplissage, le nombre de kilomètres parcourus en travail en une heure est inférieur aux vitesses des engins. En doublant le débit des bouches de remplissage (1 mètre cube-heure, au lieu de 0,50), on augmenterait de 16 à 25 p. 100 le rendement des engins.

Fourniture et entretien des engins automobiles. — Jusqu'en 1919, la Ville de Paris a employé pour son matériel de nettoiement

	BALAYAGE	ARROSAGE RÉDUIT dit humectage.	BALAYAGE-HUMECTAGE		LAVAGE				ARROSAGE		
					1 bec.		2 becs.				
	Hippo-balayeuse	Hippo-arroseuse.	Auto-balayeuse.	Auto mixte.	Auto-arroseuse.	Auto mixte.	Auto-arroseuse.	Auto mixte.	Auto-arroseuse.	Auto mixte.	Hippo-arroseuse.
Capacité de la tonne (litres)	»	1.000	400	3.500	3.200	3.500	3.200	3.500	3.200	3.500	1.000
Vitesse en travail (km-heure)	3,50	4.50	10		9		9		12		4,50
— en transport (km-heure)	3,50	4.50	15		15		15		15		4.50
Largeur du premier trait (m)	1,70	5,00	1,70		1,70		3,20		jusqu'à 16 m.		5,00
Intensité moyenne du répandage d'eau (litres : m²)	»	0,09	0,09		1,40		1,40		0,50		0,50
Avec le contenu d'une tonne :									*en arrosant 5 mètres.*		
Longueur parcourue (mètres)	»	2.200	2.600	22.900	1.340	1 470	670	740	1.280	1.400	400
Surface nettoyée (trait moyen 1,50 ou 3m) ou arrosée (m²)	»	11.000	3.900	33 300	2 000	2.200	2.000	2.200	6.400	7.000	2 000
Durée du parcours pour vider une tonne (minutes)	»	29	16	137	9	10	4 1/2	5	6 1/2	7	5
Durée du remplissage (transport et manœuvre compris) (minutes)	»	10	5	11	12 1/2	13	12 1/2	13	12 1/1	13	10
Durée totale d'une opération (minutes) . .	»	39	21	148	21 1/2	23	17	18	19	20	15
Rendement horaire.											
Surface desservie par heure par engin (m²).	5.200	16.900	11.000	13 500	5.600	5.700	7.100	7.300	20.000	21.000	8 000
Parcours moyen en travail accompli en une heure (km)	3,5	3,3	7,4	9.3	3,7	3,8	2,4	2,5	4,0	4,2	1,6
Temps passé pendant une heure en travail (minutes) . . .	60	44	46	56	26		16		21		20
Temps passé pendant une heure en remplissages (minutes) .	»	16	14	4	34		44		39		40

des chaussées, la traction par chevaux. Elle disposait alors de 484 tonneaux et 475 balayeuses. Pour les engins automobiles, on tâtonnait encore. Au concours tenu en 1911-1912, l'Administration municipale n'avait primé que des machines simples : auto-balayeuses et auto-arroseuses, et écarté les automixtes.

Dès l'armistice, l'énergique intervention de M. le directeur général des travaux Malherbe fit décider la suppression totale des engins hippomobiles et leur remplacement par des automobiles. La même autorité soutint le service technique pour l'acquisition d'une majorité d'automixtes. Le souci de disposer du matériel le plus perfectionné a concordé ici avec l'économie. Ce n'est qu'en 1922 que le Service municipal a réalisé les dispositifs de caoutchoutage et de lavage de caniveaux, et en 1923 celui de lavage à deux becs.

Actuellement, Paris dispose de :

153	automixtes,	dont	122	en service	et	31	en réserve.
84	auto-balayeuses,	dont	67	—	et	17	—
29	auto-arroseuses,	dont	23	—	et	6	—
soit : 266	engins,	dont	212	en service	et	54	en réserve.

En outre, le Service des Transports automobiles municipaux possède : 13 auto-arroseuses et 3 auto-balayeuses.

Ces engins sont remisés dans 13 garages répartis dans les divers arrondissements. A l'exception du matériel des Transports automobiles municipaux qui, ainsi qu'on l'a vu au Chapitre IV, fonctionne en régie directe, tous les engins de nettoiement sont fournis et entretenus par deux entreprises.

Les contrats de fourniture et d'entretien pour les deux entreprises sont analogues à ceux des auto-tombereaux : location-vente, avec retour en toute propriété à la Ville au bout de sept ans, des engins en fonctionnement journalier (soit 80 p. 100 seulement du total) ; la Ville doit acquérir en fin de contrat, et à dire d'expert, le matériel en réserve. La Ville fournit les garages, mais l'entreprise doit assurer à ses frais la mise en état de tous les véhicules et fournir le personnel de conduite, ainsi que toutes les matières (essence, huile, chiffons, pièces de remplacement, etc.) nécessaires au fonctionnement.

L'Administration municipale paie à l'entreprise deux primes :

— pour chaque engin en marche, une prime journalière compensant le salaire du conducteur et l'amortissement des véhicules, en marche, non compris la réserve. Cette prime augmente ou diminue comme le salaire journalier que l'entreprise, d'accord avec la Ville, paie au conducteur ;

— pour chaque kilomètre parcouru, aller et retour du garage, avec ou sans travail, une prime kilométrique variable avec le prix du litre d'essence, lequel est constaté comme pour les auto-tombereaux.

En cette occasion encore, le système des deux primes variables s'est montré suffisamment souple pour éviter toute difficulté avec les entreprises, malgré les variations notables et continuelles des prix depuis 1919.

En somme, la Ville s'est engagée à payer chaque jour la prime journalière pour 212 engins, qu'elle les utilise ou non.

Garages des engins de nettoiement. — Évidemment, les engins doivent être garés à proximité des chaussées à nettoyer. Comparés aux garages d'auto-tombereaux, leurs garages, dont chacun ne contient qu'une trentaine d'engins, sont de petits établissements (fig. 27).

Dans la réalité, on les a placés où l'on a pu, en utilisant surtout d'anciens marchés couverts, assez mal disposés d'ailleurs pour leur nouvelle affectation et généralement trop exigus. A leur sujet, le Service municipal se heurte à l'hostilité non déguisée des habitants, qui sont peu désireux d'être voisins d'une remise où les voitures sont mises en route chaque matin dès quatre heures. Les garages arrivent néanmoins à se faire supporter, en prenant les précautions nécessaires pour que les démarrages se fassent sans excès de bruit.

Les dits garages sont de simples lieux de remisage. Les réparations des engins sont exécutées dans deux ateliers spéciaux que les entreprises possèdent hors de Paris.

Exécution du nettoiement des chaussées. — Les ordres de travail pour les engins de nettoiement mécanique des chaussées sont donnés par les représentants du Service municipal.

Avant 1919, avec les engins hippomobiles, chaque atelier de cantonniers disposait de trois ou quatre attelages composés chacun de un cheval avec son charretier, que, suivant son inspiration du moment, le chef cantonnier employait à traîner une balayeuse ou un tonneau d'arrosage. Un cantonnier spécial, appelé « ventousier » ou « sous-chef », accompagnait chaque groupe d'engins et dirigeait son travail, manœuvrait la bouche de remplissage, coupait les cordons, etc... La plupart des rues secondaires n'étaient balayées que lorsque le chef cantonnier les jugeait sales, — c'était la tradition du régime médiéval.

Au moment où Paris a adopté le matériel automobile, on a décidé que toutes les chaussées seraient nettoyées au moins une fois chaque jour. Le Service municipal a dû remplacer un matériel à chevaux, à allure lente, composé d'un grand nombre (957) de machines, ton-

Fig. 27. — Garage de Bercy (S. A. S. M.).

neaux et balayeuses, n'accomplissant chacune qu'une opération, par un petit lot (267) d'engins automobiles susceptibles d'effectuer plusieurs catégories de travaux, à une allure plus rapide, mais aussi comportant le paiement de primes plus élevées. Comment couvrir quotidiennement, avec le nouveau matériel, les 1.000 kilomètres du réseau enchevêtré des chaussées parisiennes, tout en réalisant l'économie maximum ? Il ne fallait évidemment plus compter uniquement sur l'inspiration des ventousiers.

Le Service municipal a dû créer les méthodes qu'expose le Chapitre suivant, et dont l'ensemble constitue une branche nouvelle de la technique.

CHAPITRE VIII

NETTOIEMENT MÉCANIQUE DES CHAUSSÉES. TRAIN D'ENGINS

On a vu que l'engin mécanique balayeur, laveur ou caoutchouteur, nettoie un *trait* et crée un *cordon* de détritus, que ses passages successifs repoussent peu à peu jusqu'au caniveau. Pour accélérer l'opération, on applique au même moment, sur la même chaussée, plusieurs engins qui constituent un *train*.

Lorsque chaque engin du train reprend entièrement le cordon laissé par le précédent, on dit que le fonctionnement du train est *simultané ;* tous les engins du train font en ce cas le même nombre de passages sur un profil en travers quelconque de la chaussée intéressée. Sinon, le fonctionnement est dit *rompu*.

Parité du service. — On appelle *service pair* tout mode de fonctionnement du train qui, à l'achèvement du travail sur une chaussée donnée, ramène tous les engins au point de départ, et service *impair* tout mode qui, dans les mêmes circonstances, amène tous les engins à l'extrémité opposée à celle d'où ils sont partis. L'enchaînement des opérations d'une rue à l'autre oblige à pratiquer sur certaines chaussées un service *impair* et sur d'autres un service *pair*, bien qu'elles aient souvent même largeur.

Cette distinction (en pair et impair) a été introduite par M. Mazerolle, ingénieur en chef des Ponts et Chaussées, à qui sont dus les premiers travaux sur la technique exposée.

On n'emploie qu'exceptionnellement le service *mixte*, qui serait pair pour certains engins du train et impair pour les autres.

Inversion de la parité (fig. 28). — Avec un engin isolé, ou avec le fonctionnement *simultané* d'un train, le service dans une même voie est pair si le nombre des passages dans cette voie d'un engin déterminé est pair, et impair si ce nombre est impair [1].

Avec un train, en recourant au fonctionnement *rompu* on peut inverser la parité, sans augmenter le nombre des traits et par conséquent les parcours. Ainsi, un train de deux engins, ayant quatre traits à faire, donnera, en fonctionnement *simultané*, un service pair :

Il accomplira un service impair, en faisant marcher isolément un seul des engins, c'est-à-dire en faisant un service *rompu une fois* :

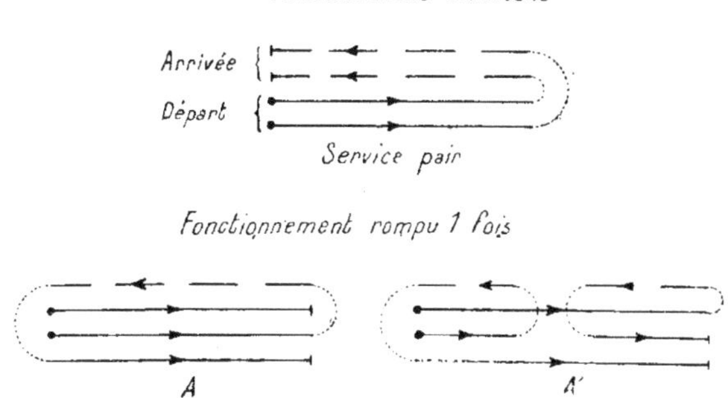

Fig. 28. — Nettoiement mécanique. Inversion de la parité d'un itinéraire.

Afin d'égaliser les parcours, on peut opérer l'inversion, pour chacun des deux engins du train, sur la demi-longueur de la chaussée :

Avec des trains de 3, 4 engins, on peut rompre 2, 3 fois le fonctionnement sur la longueur de la chaussée et réaliser des schémas plus compliqués. Leur étude se fait sans difficulté et se résume ainsi. On veut exécuter sur une chaussée, N traits au moyen d'un train de m engins. — Lorsque m est *impair* (y compris $m = 1$), et pourvu que N soit plus grand ou égal à $(2_m - 1)$, on aura un service *pair* si N est *pair*, impair si N est impair. — Lorsque m est *pair*, pourvu que N soit *pair* et égal ou supérieur à 2_m, le service pourra indifféremment être pair ou impair.

On en conclut que, dans tous les cas, pourvu que N soit égal ou

(1) On trouvera quelques détails sur la question dans l'étude publiée dans l'*Ingénieur-Constructeur* de mai et juin 1923.

supérieur à $(2_m - 1)$, on pourra donner au service la parité voulue sur la chaussée considérée.

Pour la simplicité de l'exécution, on n'applique guère que le fonctionnement *simultané* et le fonctionnement *rompu une seule fois*.

Nombre de traits à faire sur une chaussée. — On a vu que les opérations de nettoiement mécanique (balayage, caoutchoutage, lavage) exerçaient un déplacement *transversal* des matières qu'on veut faire disparaître de la chaussée et que, pour les traits suivant le premier, ce déplacement était de (1,70 — 0,20) = 1m,50 au plus (3 mètres dans le lavage à deux becs).

Les dites opérations ne sont indispensables que pour le centre de la chaussée, large de (L — 2 mètres), où L est en mètres la largeur totale de la chaussée et 2 mètres la largeur de l'ensemble des caniveaux. Il s'ensuit qu'en tenant compte de l'excédent de largeur de 0m,20 de chacun des deux premiers traits accomplis de part et d'autre du faîte de la chaussée, soit 0m,40 pour les deux, le nombre minimum de traits N_0 qu'on doit faire sur une chaussée est le quotient entier supérieur à la division

$$\frac{L - 2{,}40}{1{,}50 \text{ (ou } 3{,}00)} = N_0.$$

On peut, sans inconvénient, entamer plus ou moins, avec les engins mécaniques, les zones des caniveaux, de manière à faire un trait de plus qu'il n'est indispensable. Ce trait supplémentaire permet de réduire l'importance du travail de nettoiement des caniveaux et, par conséquent, n'est pas complètement sans effet. En sorte que, sur une chaussée, on peut faire utilement N_0 ou $(N_0 + 1)$ traits, mais qu'il faut éviter d'en exécuter davantage, à peine de parcourir des kilomètres en pure perte. D'après les indications du paragraphe précédent, il suffira que N_0 soit égal ou supérieur à $(2_m - 1)$ pour pouvoir exécuter sur la chaussée à volonté un service pair ou impair avec un train de *m* engins.

Composition du train d'engins. — Le tableau ci-après indique comment, au point de vue de la largeur, se répartissent les chaussées de Paris nettoyées mécaniquement, et la composition des trains d'engins (fig. 29) qu'on y peut utiliser (balayage, lavage à un bec, caoutchoutage).

LONGUEUR DANS PARIS en kilomètres.	LARGEUR TOTALE DES CHAUSSÉES en mètres.	NOMBRE D'ENGINS DU TRAIN utilisables pour un service. pair.	impair.
35	Inférieure à 5m	1	1 ou 2
212	de 5 à 7	1 ou 2	1, 2, 3 ou 4
609	de 7 à 10	1, 2 ou 3	1, 2, 3, 4 ou 5
217	de 10 à 15	1, 2, 3 ou 4	1, 2, 3, 4, 5 ou 6
20	supérieure à 15m	1, 2, 3, 4, 5 ou 6	
Total : 1 093	Chaussée moyenne : 9,60	Moyenne : 1 à 4	1 à 6

On voit que le train de deux engins est d'un emploi sensiblement aussi général que l'engin isolé. Comme il déblaie deux fois

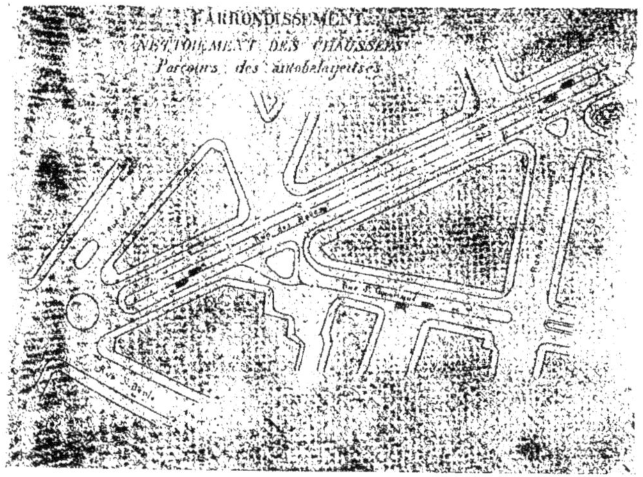

Fig. 29. — Balayage par train de deux engins. Rue des Halles

plus vite chaque tronçon de voie, on s'explique pourquoi on évite de recourir à l'engin isolé et préfère la couple d'engins. — De même, dans les voies larges (fig. 30), le train de quatre engins doit être employé plutôt que celui de trois. En outre, les trains de deux et quatre engins peuvent se diviser sans difficulté pour desservir les rues étroites.

En pratique, on ne compose guère de trains avec plus de quatre engins.

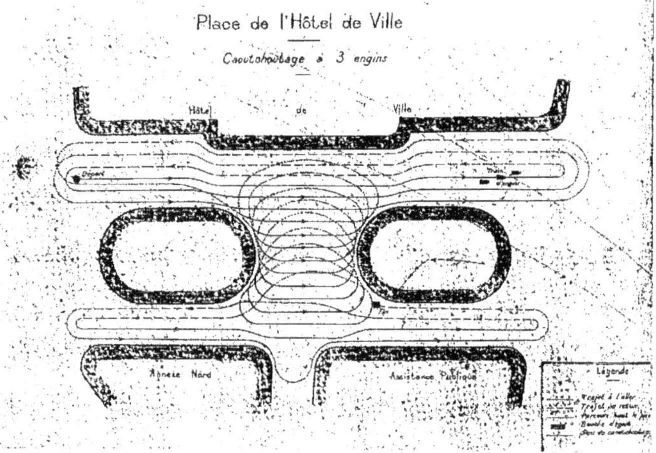

Fig. 30. — Caoutchoutage par train de trois engins. Place de l'Hôtel-de-Ville.

Itinéraire d'un train d'engins — La succession des chaussées sur lesquelles un train d'engins est appelé à opérer constitue son *itinéraire*. Dans la plupart des cas, on forme cet itinéraire en adjoignant à une chaussée *principale*, prise pour axe de travail, tout ou partie des chaussées adjacentes qui deviennent ainsi des *dérivations* après le service desquelles le train revient sur la voie principale. La chaussée principale est, au fond, le trajet à parcourir pour se rendre d'une bouche de remplissage à la suivante. Les chaussées *dérivées* exigent toujours un service pair ; — généralement, la chaussée *principale* veut un service *impair*. Les premières étant de beaucoup les plus nombreuses, le cas général est celui du service *pair*.

Tronçon d'itinéraire. — On divise l'itinéraire d'un train en *tronçons*, de telle sorte que l'ensemble des chaussées, principales comme dérivées, comprises dans un tronçon, soit totalement desservi avant de passer au tronçon suivant. L'importance du tronçon est limitée par les deux conditions : qu'au cours de son exécution, on ne doit pas avoir besoin de remplir la tonne et que cette exécution soit d'assez courte durée (environ 20 minutes en balayage-humectage, 10 minutes en lavage) pour que le cordon ne soit pas trop dispersé par la circulation.

Hors le cas du balayage-humectage avec l'automixte, on remarque que l'importance du tronçon est toujours délimitée par la capacité de la tonne et correspond, pour un engin du train, à la longueur parcourue et à la surface nettoyée (ou arrosée) indiquées au tableau, Chapitre VII (page 70).

En outre, étant donné qu'à Paris on peut être amené à pratiquer le balayage-humectage soit avec une auto-balayeuse, soit avec une automixte, on établit les itinéraires pour l'auto-balayeuse. Lorsqu'on a recours à l'automixte, le remplissage n'est fait que tous les huit ou neuf tronçons.

Évaluation des parcours. — La détermination exacte des parcours à accomplir par un train d'engins automobiles, pour exécuter une opération de nettoiement déterminée sur un réseau de voies donné, exige évidemment l'établissement d'un métré. On trace tout d'abord les trajets à suivre sur une carte du réseau indiquant les bouches de remplissage. Le métré évalue ensuite tronçon par tronçon :

la longueur du parcours en travail,

la longueur du parcours sans travail à faire pour passer au tronçon suivant, ou aller à la bouche de remplissage et en revenir,

et la longueur des virages [1].

En ajoutant en observations la durée du stationnement à la bouche de remplissage et celle des arrêts obligatoires, on aura tous les éléments nécessaires pour établir l'horaire de marche.

Pour un avant-projet, on peut se contenter des évaluations approximatives suivantes, en négligeant les longueurs des virages :

le parcours en travail est égal au quotient de la surface s de l'ensemble des chaussées par la largeur L de trait ;

(1) Dans l'élaboration des plans de travail des engins à Paris, on a admis, pour simplifier, que le parcours d'un engin était de 18 mètres pour un virage à 180°, et de 9 mètres pour un virage à 90°.

le parcours sans travail est égal à $\left(\frac{2M}{s} - L\right)$, où l'on désigne par L la longueur totale des chaussées ;

s la surface couverte par le contenu d'une tonne ;

M le moment de transport de la surface desservie par une bouche de remplissage par rapport à cette bouche. Le moment de transport d'une surface, par rapport à un point, se définit comme pour les terrassements. C'est la somme des produits de chaque élément de la surface par la distance à parcourir pour aller, en suivant les routes, de son centre de gravité jusqu'au point considéré.

Pour un réseau très étendu, comportant plusieurs bouches de remplissage, la distance ci-dessus est, en moyenne, égale à la moitié de la distance moyenne à vol d'oiseau entre deux bouches voisines ; en sorte que l'évaluation se fait rapidement.

Feuille de voiture. — Tableau de marche. — On tire du métré le tableau de marche qui sera inscrit sur la feuille de voiture de chaque engin du train. Ce tableau est simplement l'énumération des chaussées dans l'ordre où elles seront parcourues, avec indication des heures de début de l'opération sur chaque tronçon. Tous les deux ou trois tronçons, l'heure est obligatoire ; le train doit, au besoin, attendre et ne pas s'engager sur le tronçon avant le moment fixé ; les agents municipaux peuvent ainsi assurer leur contrôle et l'on réfrène, en outre, la tendance des conducteurs d'engins à augmenter la vitesse. Les autres heures ne sont que des renseignements, utiles seulement pour synchroniser le travail du train avec celui des équipes de cantonniers, — elles ne figurent pas sur la feuille de voiture.

Graphique de marche. — Enfin, il est commode et souvent utile pour les agents et chefs ouvriers du Nettoiement, de traduire le tableau de marche par un graphique, qui est tout simplement un plan au 1/5000e, dont on a supprimé les limites de voies, ainsi que les noms des rues secondaires. Le nombre total de traits exécutés sur chaque chaussée est indiqué par des signes conventionnels[1]

(1) On a adopté les signes suivants :

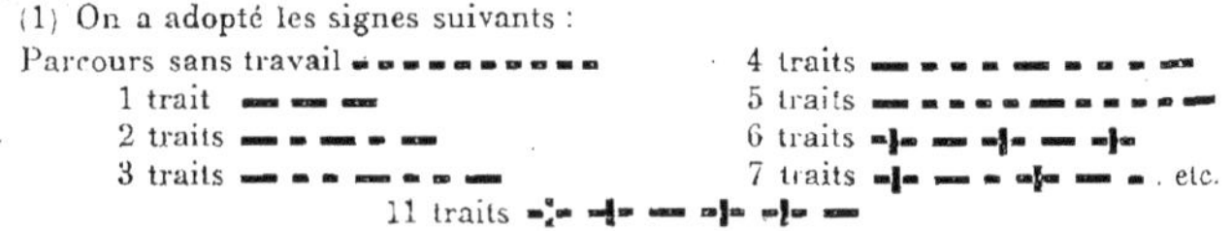

Parcours minimum. — L'étude du transport et du répandage d'eau qui accompagne les opérations du nettoiement mécanique des chaussées montre que, pour réaliser le parcours total minimum, il faudrait que chaque engin vidât sa tonne en ne faisant, en partant de la bouche de remplissage pour y revenir, qu'un seul trait, c'est-à-dire deux passages au plus sur le même profil en travers. D'après le tableau du Chapitre VII, le cordon aurait une longueur de 2.700 mètres en balayage et de 1.300 à 1.400 mètres en lavage (un bec), le nettoiement d'une chaussée au droit d'un immeuble durerait vingt minutes et plus. Les Parisiens ne le tolèreraient pas.

Le cordon est, en effet, toujours une gêne pour la circulation. C'est pourquoi l'on sacrifie l'économie au confort des habitants, en fractionnant le travail, non seulement par tronçons d'itinéraire comme il a été dit, mais encore chaque tronçon, de manière à faire disparaître le cordon au droit d'un immeuble déterminé en quelques minutes, cinq par exemple.

Volume de la tonne. — On a cru longtemps qu'on aurait une économie en augmentant le volume de la tonne. Dans ce but, le Service municipal a expérimenté l'arroseuse avec tonne de 5.000 litres. Il y a renoncé.

L'effet des primes journalières et kilométriques est tel qu'actuellement le volume optimum, pour réaliser l'économie dans l'exécution, est d'environ 2.500 litres, soit sensiblement les deux tiers de la capacité des tonnes existantes. L'adoption de ce volume optimum aurait permis de réduire de 19 p. 100 les dépenses du lavage.

CHAPITRE IX

NETTOIEMENT MÉCANIQUE DES CHAUSSÉES. PLANS DE TRAVAIL

Plans de travail. — Heure et fréquence des opérations de nettoiement. — L'ensemble des tableaux de marche établis pour un train d'engins, complétés autant que possible par les graphiques correspondants, constitue le plan de travail de ce train.

Au cours d'une même séance de travail, une opération de nettoiement n'est, sauf rare exception, faite qu'une seule fois sur chaque chaussée ; mais pour certaines voies importantes, l'heure d'exécution de l'opération est fixée à l'avance. Lorsqu'on le peut, on débarrasse tout d'abord ces voies en constituant un train d'engins aussi nombreux que le permet la circulation, — ensuite on nettoie isolément les chaussées adjacentes, en segmentant le train. En général, la circulation permet de nettoyer les chaussées dérivées en même temps que le train exécute le dernier trait de part et d'autre de la chaussée principale. On évite ainsi des parcours sans travail sur cette dernière.

Dans une même séance de travail, une opération de nettoiement ne porte pas toujours indistinctement sur toutes les chaussées du réseau urbain. C'est ainsi que certaines chaussées sont lavées une, deux, trois fois par semaine, le nombre variant de l'été à l'hiver; — que l'après-midi, on ne réitère le balayage que sur certaines voies principales, etc... La fréquence des opérations est, pour chaque voie déterminée par les conditions locales, sans être assujettie à des règles encore bien précises. Il en résulte qu'on devrait, pour chaque opération, établir, pour chaque train, un plan de travail pour chaque séance quotidienne de travail (matin et après-midi), pour chaque jour de la semaine, pour chaque saison et pour chaque état atmosphérique.

On verra plus loin que le nombre des opérations de nettoiement ne peut être réduit à moins de cinq. Dans ces conditions, on comprend que, pendant plus d'un demi-siècle, tant qu'ils n'ont disposé que des engins à traction par chevaux, les techniciens aient été rebutés par la complexité de l'ensemble des plans de travail à établir ; ces plans auraient été, pour Paris, au nombre de plus de douze mille ; le nettoiement mécanique est alors resté conduit par la seule inspiration du personnel ouvrier.

Avec l'engin automobile, il a bien fallu, pour atteindre l'économie, que les ingénieurs introduisent dans l'organisation du nettoiement mécanique la prévoyance méthodique qui caractérise leurs travaux. Voici comment la question a été résolue à Paris.

Opérations de nettoiement sur les chaussées. — D'après ce qui a été dit au Chapitre VI, on peut effectuer, sur la partie centrale d'une chaussée :

le balayage simple	B
le balayage-humectage.	BH (fig. 31 et 32).
le caoutchoutage simple	C
le lavage simple	L
le lavage-balayage.	LB
le lavage-caoutchoutage	LC[1]
et faire précéder le lavage de l'arrosage	A

soit, en tout, 7 opérations générales.

On laisse de côté les travaux nécessités par le déblaiement des neiges et la lutte contre le glissement, qui seront traités à part.

Nettoiement par temps de pluie. — Les opérations BH, L, LB, LC,.A, comportent le répandage d'une certaine quantité d'eau par mètre carré (intensité), laquelle peut être plus ou moins réduite lorsque le temps est humide et même annulée, par temps de pluie. Au début de la séance de travail, l'intensité de répandage doit être déterminée (expérimentalement si on peut) par l'agent municipal et faire l'objet d'un ordre écrit donné au machiniste.

Afin d'éviter de refaire en détail le plan de travail, on établit un plan de base pour un répandage voisin du maximum (humectage 0,09 l. : mètre carré, lavage 1,40 l. : mètre carré, arrosage 0,5 l. :

(1) Sur les revêtements lisses excessivement sales, on exécute parfois même le lavage-balayage-caoutchoutage LBC, — mais ce n'est que très exceptionnellement.

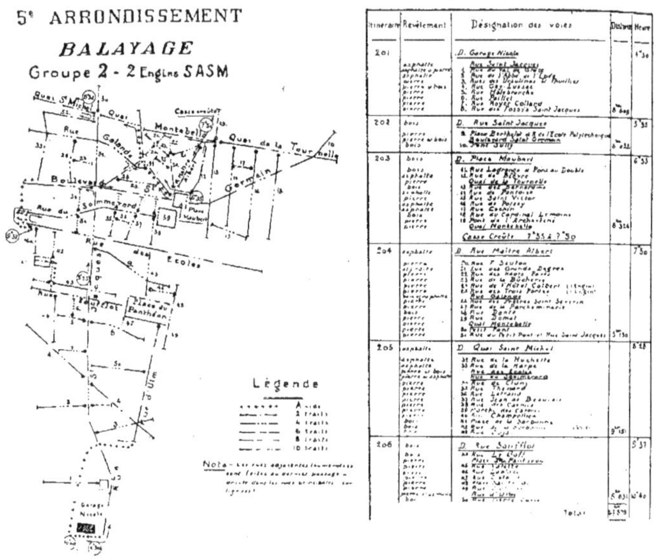

Fig. 31. — Plan de balayage. Ve Arrondissement (partie).

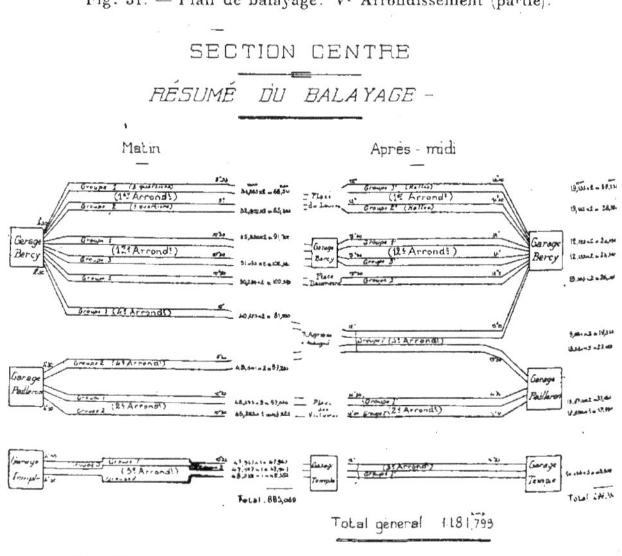

Fig. 32. — Plans de balayage. Résumé pour la section centre. Ier, IIe, IIIe, IVe, XIIe Arrondissements.

mètre carré) et l'on convient de ne pratiquer que les intensités qui sont des fractions simples $\left(\frac{1}{3}, \frac{1}{2}, \frac{2}{3}, \frac{3}{2}, \text{etc.}\right)$ du répandage de base. Pour réaliser celles-ci, il suffit de réunir (par 3, par 2, par 1 1/2, etc.) les tronçons successifs établis pour le plan de base, — en avançant, si l'on veut, l'horaire de fonctionnement de la durée des remplissages supprimés. Les plans avec répandage réduit se notent très simplement en faisant suivre le titre du plan de la fraction de réduction (exemple : BH $\frac{1}{2}$, LC $\frac{2}{3}$, etc.). Les modifications aux tronçons et à l'horaire se font sans aucune difficulté sur le tableau de marche de chaque train. En même temps, le machiniste ajuste l'organe distributeur d'eau que porte son engin, et pour lequel le constructeur a repéré trois ou quatre positions correspondant chacune à un débit connu. Il faut reconnaître que, jusqu'ici, le personnel appelé à manœuvrer les engins automobiles s'est difficilement plié aux variations des quantités d'eau répandues qui, cependant, étaient de pratique courante avec l'hippo-arroseuse. On l'entraîne peu à peu à exécuter les dites variations et à ne pas limiter, comme aujourd'hui, son action à la manœuvre par « tout ou rien ».

En supprimant totalement le répandage, les opérations BH et LC amènent respectivement au balayage simple B et au caoutchoutage simple C, ce qui réduit le nombre des plans de base à cinq (BH, L, LB, LC, A).

Le plan de base correspond donc au répandage d'eau maximum, c'est-à-dire au temps *sec*. Par des modifications très simples, on l'ajuste aux précipitations atmosphériques.

Nettoiement par temps de gel. — Pendant longtemps, on a dû prévoir un plan de nettoiement spécial pour le cas de gel. Le répandage d'eau devait être suspendu pour éviter le verglas; et l'on se bornait alors à un balayage à sec. La poussière soulevée limitait le travail au prime-matin, alors que les habitants ne sont pas encore sortis ; on devait ainsi se contenter d'un nettoiement restreint.

En 1921, le Service municipal a inauguré l'humectage à l'eau salée et, depuis, par temps de gel, exécute le plan de balayage-humectage BH comme en temps ordinaire. — On pourrait dans les mêmes conditions exécuter les plans de lavage, mais les grandes quantités d'eau salée à préparer y ont fait renoncer. Il n'en reste pas moins que l'on n'a plus besoin d'un plan spécial pour le cas de gel. On applique BH (salé). Avec l'automixte, on profite de ce que, les lavages étant suspendus, les engins qui les auraient effectués sont disponibles; on les affecte au balayage, — on divise nettement en deux parties certains itinéraires BH et on confie aux engins disponibles l'exécution des secondes parties dont on avance en conséquence l'horaire.

Influence des intempéries. — Les opérations à faire sur les diverses chaussées suivant les intempéries peuvent alors être résumées comme il suit, étant entendu que les intensités de répandage pour A, H, L, seront variées comme il a été dit.

<table>
<tr><th rowspan="2">TEMPS</th><th rowspan="2">ASPHALTE</th><th colspan="2">BOIS</th><th colspan="2">PIERRE</th><th rowspan="2">EMPIERREMENT</th></tr>
<tr><th>bon état.</th><th>mauvais état.</th><th>mauvais état.</th><th>bon état.</th></tr>
<tr><td>Gel sec.</td><td colspan="5">←—— BH (salé) ——→</td><td>»</td></tr>
<tr><td rowspan="3">Temps sec ou moyen.</td><td colspan="6">←—— A ——→</td></tr>
<tr><td colspan="2"></td><td colspan="3">←—— BH ou bien ——→</td><td rowspan="2">»</td></tr>
<tr><td colspan="2">←—— LC ——→</td><td colspan="2">←—— LB ——→</td><td>— L —→</td></tr>
<tr><td>Grande pluie.</td><td colspan="2">←—— C ——→</td><td colspan="3">←—— B ——→</td><td>»</td></tr>
</table>

Prévisions météorologiques. — Il serait désirable que le programme du nettoiement des voies publiques fût, pour chaque journée, ou tout au moins pour chaque séance de travail, établi à l'avance d'après les prévisions de la météorologie. C'est ce que, sous l'impulsion de M. l'inspecteur général Biette, le Service s'efforce de faire. Il est, à cet effet, en relations plusieurs fois par jour avec les observatoires de la Tour Saint-Jacques et de la Tour Eiffel.

Résultats procurés par les diverses opérations de nettoiement. — On comprend qu'il ne soit pas nécessaire d'exécuter à la fois, au cours d'une même séance de travail, deux opérations de nettoiement (par exemple BH et LB) sur une même chaussée. Le choix entre les diverses opérations est dicté par les résultats que chacune procure.

Le balayage (mécanique ou à bras) ne constitue qu'une opération de dégrossissage impuissante à mettre à nu le revêtement. Le balai ne peut rien contre une pellicule dont l'épaisseur est de l'ordre du millimètre et qui reste adhérente à ce revêtement. Il la crée même si elle n'existe pas, et chacun a pu constater qu'une chaussée à peu près propre devenait uniformément sale après le passage de l'auto-balayeuse. Il en est de même pour un trottoir, nettoyé au balai à la main.

La pellicule adhérente est la cause de la poussière et de la boue. Elle résiste à une petite pluie. Pour l'enlever, il faut un jet d'eau sous pression. Ce jet peut être obtenu avec la lance manœuvrée à bras. C'est ce qu'on faisait autrefois à Paris et que l'on fait encore en Alsace et en Suisse. A Paris, on préfère maintenant le jet créé par la pompe de l'engin laveur automobile. L'opération de nettoiement par excellence pour les revêtements est, par conséquent, le lavage.

Utilité des lavages. — Le lavage des chaussées est d'application récente. En 1876, on ne connaissait que le balayage et l'arrosage.

Dès 1893, M. l'inspecteur général Boreux proclamait que « le système des lavages à grande eau est, plus que tout autre mode de « nettoyage, particulièrement indiqué pour entretenir la propreté « des chaussées ». A cette époque, on lavait les pavages en pierre et l'empierrement tous les trois jours, les voies asphaltées tous les deux jours et tous les jours les pavés de bois. Les lavages s'opéraient de quatre à huit heures du matin.

L'utilité du lavage n'est aujourd'hui plus contestée. Elle découle de ce principe, que nous a enseigné M. l'inspecteur général Bienvenue : « une chaussée dont le revêtement est net n'est jamais glissante ». On exige seulement que le revêtement soit, après l'opération, aussi asséché que possible, ce qu'on obtient, comme on l'a vu, dans certains cas, par un caoutchoutage ou un balayage subséquent.

Il faut donc s'efforcer de laver le plus possible, tout en maintenant les dépenses dans une limite acceptable. Cette limite varie avec les circonstances locales.

Les revêtements lisses, asphalte ou bois en bon état, devraient être caoutchoutés et par suite lavés tous les jours. Dans ces conditions, leur lavage exige relativement peu d'eau, environ 0l70-mètre carré (ce qui revient à exécuter : LC $\frac{1}{2}$) ; et l'opération ne coûte pas plus que le balayage-humectage, car la dépense d'eau contrebalance celle du balai-rouleau. A Paris, aujourd'hui, on ne lave cependant les revêtements lisses, en moyenne, que tous les

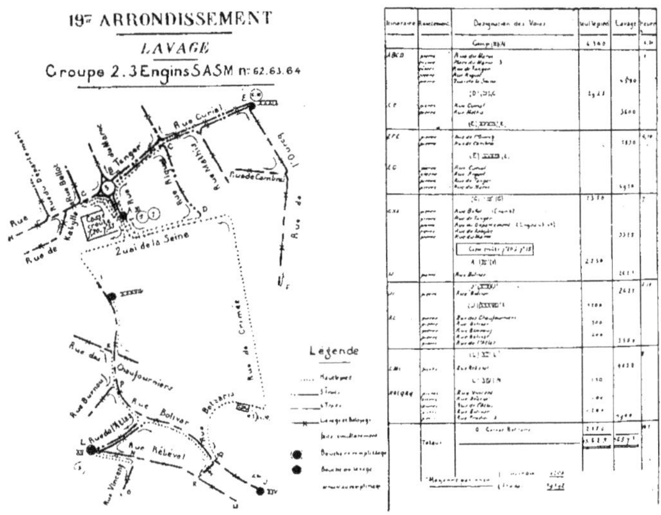

Fig. 33. — Plan de lavage. XIXe Arrondissement (partie).

deux jours, en leur apportant alternativement LC et BH. Le motif en est qu'on tient compte de la routine que traduit fréquemment l'opinion. Le lavage est, en effet, l'opération qui est susceptible de gêner le plus le public, car les parties en attente sont plus ou moins couvertes de boue, et la tradition inexacte laissée par l'engin hippomobile est que le lavage constitue un surcroît de dépenses. On s'attache à détruire cette fausse opinion.

Le lavage (fig. 33) des revêtements rugueux (pierre et bois en mauvais état) exige toujours une quantité d'eau notable. Lorsque l'opération doit être suivie d'un balayage pour vider les flaches, elle coûte plus cher que le balayage-humectage. C'est pourquoi on proportionne la fréquence des lavages à la rapidité du salissement des chaussées. Certaines chaussées sont lavées tous les jours, sauf le dimanche (rue La Fayette) et auraient besoin de l'être souvent plusieurs fois par jour pour n'être pas glissantes. D'autres ne le sont que trois, deux ou même une fois par semaine [1] ; en moyenne, un peu moins de deux fois par semaine pour l'ensemble de Paris.

Par contre, le lavage simple (sans balayage) ne coûte pas plus que le balayage et devrait lui être préféré. Malheureusement, il n'est praticable que sur les chaussées pavées en pierre en excellent état, c'est-à-dire sur 30 p. 100 environ des pavages en pierre. De même que pour le lavage-caoutchoutage des revêtements lisses, on restreint les lavages simples sur pierre là où ils sont possibles, pour ménager l'opinion qui, à tort, considère le lavage comme un luxe coûteux.

Répartition du lavage et du balayage. — Au point de vue du lavage, la répartition des chaussées parisiennes, empierrement et caniveaux non compris, est sensiblement la suivante :

	Pierre.	Bois.	Asphalte.	Totaux.
Lavage simple L .	1.260.000^{m2}	»	»	1.260.000^{m2}
Lavage-caoutchoutage LC	»	980.000^{m2}	710.000^{m2}	1.690.000^{m2}
Lavage-balay. LB	2.960.000^{m2}	990.000^{m2}	»	3.950.000^{m2}
Totaux . . .	4.220.000^{m2}	1.970.000^{m2}	710.000^{m2}	6.900.000^{m2}

Sauf en cas de gel, le lavage et le balayage devraient respectivement porter chaque matin sur :

Revêtements.	Lavage L ou LB ou LC.	Balayage BH ou B.
Asphalte et bois en bon état .	1.690.000^{m2}	»
Pierre en bon état	1.260.000^{m2}	»
Pierre et bois médiocre état .	1.150.000^{m2}	2.800.000^{m2}
Totaux	4.100.000^{m2}	2.800.000^{m2}

(1) La répartition des surfaces pavées en pierre, à Paris, au point de vue des lavages, est la suivante :

0,2	p. 100	est lavée	6	fois par semaine.
1			5	
2	—	—	4	—
17	—	—	3	—
29	—	—	2	—
50,8	—	—	1	—

ce qui, d'après les rendements horaires portés au tableau du Chapitre VII, exigerait l'emploi de (146 + 52) = 198 engins pendant cinq heures, effectuant un travail total de 9.000 kilomètres-voiture.

Dans la réalité, on ne lave (L ou LB ou BC) quotidiennement que 2.300.000 mètres carrés et on balaie au moins 4.600.000 mètres carrés avec sensiblement le même nombre d'engins et le même travail [1]. L'organisation existante est donc susceptible d'être améliorée par une extension des lavages sur les revêtements lisses.

Plan de lavage. — Puisqu'on ne lave pas tous les jours les revêtements rugueux, leur nettoiement doit être établi pour chaque jour de la semaine, en sorte que leur plan de lavage comprend sept parties, dont l'exécution exige l'automixte.

Par contre, pour les revêtements lavés tous les jours, le plan de lavage est unique. Partout où c'est possible, on a avantage à grouper les revêtements lisses et les pavages en pierre en bon état, de manière à constituer des ensembles suffisants pour occuper un train d'engins pendant toute la durée d'une séance de travail. L'engin laveur peut alors indifféremment être une auto-arroseuse ou une automixte.

Sinon, les lavages doivent être faits avec un train occupé à d'autres moments au balayage, c'est-à-dire par un train d'automixtes ; on s'efforce en ce cas de placer la période des lavages en tête de la séance de travail [2].

Réduction des plans de nettoiement mécanique des chaussées. — Les explications qui précèdent suffisent pour faire comprendre l'organisation du nettoiement mécanique des chaussées.

(1) Le balayage matinal utilise au plus 123 engins formant 73 trains et parcourant 6.000 km. Celui d'après-midi prend 101 engins constituant 42 trains et parcourant 1.200 km.

(2) Une particularité que font nettement ressortir les durées portées au tableau du Chapitre VII) est que, pendant le lavage, le temps passé au remplissage est supérieur au temps passé en travail. Avec un train de deux engins, si l'on ne dispose que d'une seule bouche de remplissage, les engins alterneront : l'un étant au remplissage pendant que l'autre travaillera. Mieux vaudra souvent affecter deux bouches de remplissage au train.

Dans tous les cas, les engins ne seront pour ainsi dire jamais présents au même moment sur le lieu de travail. Cela n'empêche pas qu'on aura toujours intérêt, pour hâter l'opération, de la faire exécuter par un train de deux engins et non par un engin isolé.

Cette organisation comporte l'établissement de deux plans de base, comprenant chacun *toutes* les chaussées (sauf l'empierrement) avec les intensités maximums de répandage d'eau (0,09 et 1,40 litre-mètre carré). Ces plans correspondent par conséquent à des *travaux maximums*. Ce sont :

1° Un plan de balayage-humectage BH susceptible de desservir tout le réseau urbain en une seule séance de travail matinale (cinq heures) complétée par un plan de balayage-humectage d'après-midi, BH (après-midi) ne s'appliquant qu'aux voies très importantes ;

2° Un plan de lavage, comportant les opérations L, LC ou LB, sur toutes les chaussées, par roulement hebdomadaire, avec des fréquences diverses au cours de la semaine.

Lorsque l'humidité ambiante le permet, on réduit les répandages d'eau jusqu'à arriver, comme on l'a dit, aux opérations simples B et C.

Pénétration des plans de nettoiement. — Les deux plans s'exécutent parallèlement, mais, dans la même journée ou tout au moins dans la même séance de travail, on doit éviter de les appliquer simultanément à la même chaussée. La règle est que le plan BH doit s'effacer en toute circonstance devant le plan L (ou LB ou LC) sauf en cas de gel.

Le plan L (ou LB ou LC) reste donc en quelque sorte intangible, tandis qu'à chaque séance de travail, le plan BH est réduit en y supprimant les chaussées qui vont être lavées.

Étant donné qu'on ne fait en règle générale pas de lavage après midi, le plan BH (après-midi) ne donne pas lieu à modifications.

Rappelons que, par gel sec, on supprime tous les lavages et applique BH (salé).

Nombre des plans de nettoiement. — Les dispositions ci-dessus ont permis de réduire à 580 le nombre des itinéraires de travail pour le nettoiement mécanique du centre des chaussées parisiennes. On est loin du chiffre de 12.000 plans qu'aurait nécessités l'organisation du travail des engins à traction animale.

Modifications des plans. — Penser qu'on peut établir une fois pour toutes des plans de nettoiement satisfaisant à toutes les conditions et durables, serait une erreur. Paris se modifie constamment dans ses détails comme un corps vivant. Les chaussées s'usent peu à peu, en sorte que certains pavages en bois, considérés tout d'abord comme surfaces lisses (plan LC), doivent être placés parmi les revêtements rugueux (plan LB) ; de même des pavages en pierre se détériorent et passent du plan L au plan LB. Par contre, d'autres chaussées sont relevées à bout et provoquent les mutations inverses, ou bien sont dotées d'autres revêtements. C'est le cas de l'empierrement dont les convertissements donnent lieu à des augmentations des plans de nettoiement.

En outre de ces modifications dont le caractère est permanent, les circonstances locales (barrages pour travaux ou fêtes, dispositions prises pour l'entretien des revêtements, en particulier pour le gravillonnage du pavé de bois, nécessités de la circulation, etc...) entraînent des modifications temporaires, lesquelles, puisque les plans traduisent les travaux maximums, consistent toujours en des suppressions, faciles à réaliser.

On voit que les plans de nettoiement sont soumis à une continuelle mise au point que les agents du Service technique sont entraînés à faire avec aisance et rapidité.

CHAPITRE X

CHAUSSÉES ET CANIVEAUX. OPÉRATIONS DE NETTOIEMENT FAITES A BRAS

Opérations de Nettoiement à bras. — On fait encore à la main, sur les chaussées parisiennes :

le nettoiement de l'empierrement,
certains nettoiements spéciaux,
le curage des rails de tramways,
le coupage des cordons,
le nettoiement des caniveaux,
le ramassage des cordons.

Nettoiement de l'empierrement. — On a dû renoncer, pour l'empierrement, au nettoyage à la machine ; le revêtement ne résiste même pas au contact, pourtant très doux, du balai-rouleau en piazzava. On se contente d'un nettoiement quotidien en recherche complété, de temps en temps, par un enlèvement à bras, avec un rabot, de la boue grasse et liquide, après avoir, s'il est nécessaire, largement arrosé au préalable.

Il va sans dire que les zones pavées plus ou moins larges qui bordent l'empierrement des chaussées parisiennes reçoivent les mêmes soins que les pavages, notamment en ce qui concerne les caniveaux.

Au point de vue du nettoiement, l'empierrement est un revêtement néfaste ; son voisinage est une source de souillure pour toutes les chaussées adjacentes. Aussi faut-il souhaiter qu'on hâte sa disparition. Celle-ci se poursuit avec assez d'activité : de 1.215.000 mètres carrés au 1er janvier 1904, la surface empierrée était descendue à 672.000 mètres carrés au 1er janvier 1922.

Nettoiements spéciaux. — Le nettoiement doit être renforcé en certains points spéciaux, notamment aux abords des chantiers où se font des transports intenses de matériaux ou de déblais. Généralement, le supplément de nettoyage est obtenu en recourant au travail à bras (balais, raclettes, etc.) de cantonniers.

Les endroits où stationnent des automobiles appellent également des soins particuliers : les véhicules laissent tomber de l'huile qui s'amalgame aux poussières et boues pour former une croûte, épaisse parfois de plusieurs millimètres, qui résiste au balayage et au lavage, et qu'on ne peut faire disparaître que par un grattage à la pelle. C'est le cas des stations d'autobus, où la Société des Transports en Commun de la Région Parisienne (S. T. C. R. P.) vient alors en aide au Service municipal.

Curage des rails de tramways. — Cette Société dispose d'ailleurs d'une organisation de nettoyage, qui effectue pour son propre compte le curage des rails et celui du caniveau souterrain.

Au début de 1923, les longueurs des voies publiques occupées par les tramways intra-muros étaient sensiblement :

	KILOMÈTRES DE VOIE en exploitation.		
	voie simple.	voie double.	Total.
Trolley	21	136	157
Caniveau (dont moitié environ en caniveau axial)	8	73	81
Total	29	209	238

soit au total 900 kilomètres de rails environ.

Les voies de tramways occupent les plus larges avenues de la capitale ; leurs rails et surtout la rainure du caniveau souterrain interrompent l'uni de la surface des revêtements et sont une cause de gêne pour les opérations du nettoiement; en particulier, les lavages doivent être conduits de manière à envoyer le moins possible de boues vers cette rainure du caniveau. On sait que le caniveau souterrain est largement drainé à l'égout et que la S. T. C. R. P. y pratique elle-même des lavages.

Quant au rail lui-même, la circulation amène constamment

dans sa rainure de la boue que les boudins des roues de tramways compriment et transforment en un mortier compact. Les ouvriers de la S. T. C. R. P. enlèvent avec une pelle spéciale dite « curette » ce mortier dont le volume atteint 30 mètres cubes par jour environ. Le Service des Égouts s'oppose à l'introduction dudit mortier dans les bouches d'égout dont il obstrue les cheminées, et exige qu'on le dilue au préalable dans un grand volume d'eau. — Jusqu'à ce jour, les produits du curage ont été déposés dans les caniveaux des chaussées, au long des trottoirs, où ils forment chaque jour 10.000 petits tas que le cantonnier a beaucoup de mal à délayer dans l'eau du caniveau. — Le Service s'efforce d'amener la S. T. C. R. P. à ne plus les déposer ainsi sur la voie publique, mais bien à les charger en tombereau et à les enlever directement aux décharges.

Coupage des cordons. — Les opérations du balayage et du lavage laissent finalement un cordon de boue qui s'étend au long de chaque trottoir d'une voie et barre les débouchés des chaussées adjacentes. — Si l'on ne veut qu'à ces débouchés le cordon ne soit dispersé par la circulation et salisse à nouveau la chaussée qu'on vient de nettoyer, il faut *couper le cordon*, c'est-à-dire le faire disparaître, soit en le rabattant dans les caniveaux, soit en l'enlevant.

Le travail est important, puisqu'il y a à couper chaque matin plus de 17.000 cordons, dont le développement totalisé dépasse 180 kilomètres, et équivaut à 1/5e environ de la longueur des voies parisiennes ; il est compliqué par la dissémination des coupures sur tout le territoire.

Actuellement, on l'exécute à bras, sans grande méthode, en faisant rabattre les cordons créés par un train d'engins par tous les cantonniers qui se trouvent à proximité dudit train. Chaque ouvrier agissant isolément, la fixation d'un horaire pour le coupage et, partant, la synchronisation de cet horaire avec celui du travail du train d'engins, n'est pas praticable. La question appelle des perfectionnements.

On a tenté de rabattre le cordon à la machine ; la régie des Transports Automobiles Municipaux y a réussi en 1921 avec un engin de la taille d'un cyclecar, à qui ses petites dimensions permettent de virer dans un très court rayon. — Mais le cordon rabattu n'est pas pour cela enlevé de la voie publique, puisqu'il encombre le caniveau. La meilleure solution, dès qu'on recourt à un engin, serait de couper le cordon par enlèvement. Un engin a été réalisé pour cette opération, sur laquelle on revient plus loin (fig. 34).

En attendant qu'on étende le coupage mécanique des cordons, il faut continuer de les couper à bras.

Nettoiement des caniveaux. — Paris possède plus de 2.000 kilomètres de caniveaux qui sont disposés pour être lavés à grande eau.

Fig. 34. — Auto-ramasseuse de cordons (T. A. M.).

Ils sont munis de 9.475 bouches de lavage alternant avec un nombre sensiblement égal de bouches d'égout et déterminant environ 19.000 biefs dont la longueur moyenne est de 110 mètres.

La bouche de lavage débite 108 litres-minute, soit $6^{m^3},5$ par heure. Elle est située au point haut de deux biefs contigus et, avec un petit barrage en chiffon, le cantonnier dirige l'eau vers un bief ou vers l'autre. On a cherché à s'affranchir du barrage en chiffon, en orientant convenablement les orifices ou souillards par où l'eau sort de la bouche et en les faisant commander par des clapets. Des modèles ont été réalisés et expérimentés (bouches Plainchamp et Fauvet).

Ils ne se sont pas répandus et on est resté au barrage en chiffon. Afin d'éviter le dépôt, peu agréable à la vue, sur la voie publique du dit chiffon, on a disposé en divers endroits une bordure de trottoir creuse, dans la cavité de laquelle le cantonnier le remise. Le modèle le plus moderne de bordure creuse est en ciment armé; il est dû à M. l'ingénieur MONNIER qui a beaucoup propagé la bordure creuse.

Le caniveau est le réceptacle de tous les détritus de la voie publique : les engins de nettoiement mécanique des chaussées y laissent leur cordon ; les cantonniers y retroussent les produits du balayage des trottoirs, ceux du nettoiement en recherche des chaussées, ainsi que les matières échappées à la collecte. L'usage est de pratiquer le *coulage* des caniveaux, c'est-à-dire d'amener à bras à l'égout, dans un courant d'eau, toutes les souillures du caniveau. Le cantonnier ouvre tout d'abord la bouche de lavage ; une fois le courant d'eau établi, il y amène, puis repousse au balai de bouleau ou au balai-brosse les matières à enlever qu'il conduit jusqu'à la bouche d'égout.

L'opération est compliquée par la présence des voitures en stationnement et aussi par ce fait qu'en général elle est accompagnée d'un nettoyage en recherche sur trottoirs et chaussées. Elle n'est pas sans inconvénients pour les revêtements, qu'on noie ainsi quotidiennement et où naissent des sous-pressions. Enfin, elle est peu rapide. En moyenne, un cantonnier lave 500 mètres de caniveau à l'heure seulement, soit une surface de 500 mètres carrés environ. Dans ces conditions, le nettoiement des caniveaux est, comme on le verra plus loin, l'opération qui exige chaque jour la main-d'œuvre la plus importante. Bien entendu, on ne doit l'exécuter qu'après le passage des engins qui ont nettoyé mécaniquement le centre de la chaussée et pas trop longtemps après ce passage. Ce nettoiement est, depuis 1922, doté d'une organisation particulière qui détermine la portion de caniveaux ou *canton de caniveaux* dont le nettoiement est dévolu à chacun, et l'horaire d'exécution.

Le nettoiement à bras des caniveaux a des conséquences coûteuses, ainsi qu'on va le montrer.

Consommations d'eau pour le Nettoiement des voies publiques. — Le Nettoiement est un gros consommateur d'eau.

Chaque jour, sauf en temps de gel, il emploie :

6.000^{m3} d'eau pour l'humectage et le lavage des chaussées.
30.000^{m3} d'eau pour le nettoiement des caniveaux.

A quoi il faut ajouter, par un beau jour d'été :

12.000^{m3} d'eau pour l'arrosage des chaussées et trottoirs.

Ensemble 48.000^{m3} d'eau par jour.

La majeure partie de la consommation est due à la méthode par coulage suivie pour le nettoiement des caniveaux, laquelle, à 0 fr. 30 le mètre cube d'eau, entraîne une dépense annuelle de plus de 3 millions de francs.

Réduction de la quantité d'eau consommée pour nettoyer les caniveaux. — On comprend que le Service s'efforce de réduire la quantité d'eau dépensée pour nettoyer les caniveaux.

En 1893, on les coulait deux fois par jour. Aujourd'hui on ne le fait plus qu'une seule fois, sauf dans les grandes voies. Néanmoins, une notable fraction de l'eau coule en pure perte, sans être accompagnée du coup de balai indispensable pour entraîner les matières.

Il faudrait balayer le caniveau pour ainsi dire à sec, puis une fois qu'il est dégagé, et seulement alors, y envoyer l'eau et le laver rapidement ; le coulage serait remplacé par un simple rinçage, économisant les trois quarts de l'eau. Le procédé a été essayé en 1922-1923, par M. l'ingénieur Lainé. Il faudrait, pour l'appliquer, modifier totalement la mentalité des cantonniers qui estiment que c'est l'eau et non pas eux-mêmes qui doit faire le gros du dégagement du caniveau.

Nettoiement mécanique des caniveaux. — Un moyen certain de réduire la quantité d'eau envoyée au caniveau est de recourir à un engin laveur décrit au Chapitre VII (F.). — Dès 1921, le Service technique, grâce à la collaboration éclairée de MM. Degeorge et Schilles, ingénieurs de la S. A. S. M., disposait d'une vingtaine de laveuses de caniveaux (fig. 35), qui ont été complétées, en 1922, par un système permettant de caoutchouter aussi bien à droite qu'à gauche (fig. 36). L'engin convient aux revêtements lisses et aux pavages en pierre en bon état, surtout dans les voies en pente accentuée, à la condition qu'elles soient peu encombrées de voitures en stationnement, c'est-à-dire à environ 10 p. 100 des chaussées parisiennes. Le plan de travail correspondant ne sera dressé que lorsqu'on aura, comme il est dit ci-après, organisé le ramassage à sec des cordons.

Fig. 35. — Auto-laveuse de caniveaux.

Fig. 36. — Auto-laveuse caoutchouteuse pour caniveaux.

Inconvénients de l'évacuation des matières par l'égout. — Mais les modes de nettoiement sus-indiqués du caniveau ont le défaut commun d'envoyer à l'égout tous les détritus, ce qui occasionne des dépenses notables de deux catégories.

Tout d'abord, une dépense d'eau, qu'il faut employer en quantité suffisante pour empêcher que les matières n'obstruent les cheminées des bouches d'égout. Ensuite et surtout, une dépense pour retirer des égouts les boues et vases qu'on y a introduites. L'extraction du réseau des égouts d'une tonne de boue coûte plus de 100 francs, alors que le chargement en auto-tombereau et l'envoi direct aux décharges de la même quantité de matières prises à la surface de la chaussée revient à 20 francs.

On évalue à plus de 50.000 mètres cubes par an le volume des matières rejetées des caniveaux dans les égouts [1]. En admettant que la dilution dans l'eau des égouts ne laisse que 40.000 mètres cubes à extraire des bassins à sable, on réaliserait une économie annuelle d'environ 3 millions en enlevant par tombereaux ces matières, plutôt que de les envoyer à l'égout (sans compter l'économie faite sur l'eau).

Ramassage des cordons. — La conclusion qui s'impose est qu'il faut orienter le Nettoiement vers le ramassage des cordons et la réduction, sinon la suppression, de l'envoi à l'égout des matières contenues dans les caniveaux. Ceux-ci n'auraient plus besoin, comme aujourd'hui, d'un nettoiement beaucoup plus soigné que le centre de la chaussée ; ils seraient seulement lavés en même temps que lui. Les cordons du balayage, ainsi que les produits non dilués du lavage, seraient envoyés aux décharges.

En 1921, la régie des Transports Automobiles Municipaux, que dirige M. l'ingénieur Collin, a établi un premier type de balayeuse-ramasseuse, de faible capacité (fig. 34), avec quoi on a démontré que l'engin ramasseur était réalisable, mais devait pouvoir recevoir au moins 1 mètre cube ; ce serait par conséquent une machine spéciale.

En attendant qu'on en dote le Service, il ne reste que la ressource de ramasser le cordon à bras. La question est de savoir où déposer

(1) De nombreuses observations ont montré qu'avec les usages existants le volume moyen des cordons était de 1/15e dm³ par m. l., — à quoi correspond pour tout Paris un total quotidien d'environ 140 m³, c'est-à-dire de quoi remplir 20 auto-tombereaux.

les détritus. Une solution simpliste est de les placer dans des boîtes à ordures transportées à la brouette, lesquelles font, en fin de séance, l'objet d'une collecte par auto-tombereau. MM. les ingénieurs Guérard et Lainé ont réalisé, en 1923, des dispositifs peu compliqués et relativement légers avec des boîtes d'environ 100 litres de capacité. Et, dès maintenant, le ramassage des cordons est pratiqué tous les jours sur les chaussées à revêtements lisses des VIIe, VIIIe, XVe, XVIe et XVIIe arrondissements.

Boîtes à ordures roulantes. — On voit ainsi apparaître un nouvel outil, la boîte à ordures roulante, dont l'utilité sera mise en évidence pour d'autres opérations de nettoiement à bras, notamment pour le dégagement des marchés en plein air. On se contentera de dire ici que la capacité de 100 litres paraît un peu faible, car il faudrait quotidiennement de 1.500 à 2.000 boîtes roulantes pour dégager tous les caniveaux de la capitale — et que l'adoption de ces boîtes amènera sans doute la modification des méthodes de travail suivies par les cantonniers, qui devront être groupés en équipes et cesser de travailler isolément sur les trottoirs et caniveaux

De tout ce chapitre, il résulte que les opérations de nettoiement faites actuellement à bras sur les chaussées sont susceptibles d'améliorations et d'économies sensibles, — en particulier par la réduction de la quantité d'eau employée dans les caniveaux, par le ramassage des cordons, avec, comme moyen immédiat, l'emploi des boîtes à ordures roulantes.

CHAPITRE XI

NETTOIEMENT DES TROTTOIRS ET CONTRE-ALLÉES

Pratique actuelle. — Jusqu'ici on s'est contenté, à Paris, de balayer à sec les trottoirs avec le balai de bouleau. L'ouvrier, tenant le balai par le manche, décrit de grands cercles en couvrant toute la surface du trottoir et poussant les souillures vers le caniveau. Il soulève un nuage de poussière et l'opération est loin d'être hygiénique.

L'application, en 1919, de la journée de huit heures en a même réduit l'importance. On ne balaie guère complètement chaque matin que 40 p. 100 des trottoirs parisiens, le reste est balayé en recherche. Le nettoiement des trottoirs est, depuis 1923, doté d'une organisation spéciale qui détermine la surface dévolue à chaque cantonnier (à raison de 2.000 mètres carrés par ouvrier-heure environ pour le nettoiement intégral, et de 4.000 mètres carrés par ouvrier-heure pour le nettoiement en recherche) et l'horaire d'exécution.

On lave quotidiennement à la lance certaines parties bitumées de larges contre-allées, notamment aux Champs-Élysées et l'on nettoie en recherche les contre-allées sablées.

Au vrai, on compte surtout sur la pluie pour nettoyer les trottoirs parisiens : lorsqu'elle tombe abondamment, grâce à la grande pente en travers des trottoirs et à l'état lisse de leurs revêtements, elle ne s'acquitte pas trop mal de ce soin. A ce moment, on remplace le balayage par un caoutchoutage à bras.

Néanmoins, on doit convenir que les trottoirs de Paris sont délaissés et restent poussiéreux, surtout l'été. La plupart des riverains se désintéressent même de l'obligation que leur fait l'ordonnance de police du 20 juin 1851, d'arroser le trottoir une fois par jour l'été, et se bornent à réclamer l'intervention du Service technique.

Lavage des trottoirs. — On devrait laver et caoutchouter les trottoirs (fig. 37). Le lavage devrait être opéré avec un jet d'eau sous pression, sous l'intensité d'environ $0^{l},7$ au mètre carré. Jusqu'à ce jour, quand on l'a fait, on a eu recours au lavage à bras avec la

Fig. 37. — Lavage et caoutchoutage à bras des trottoirs.

lance d'arrosage. Malheureusement, le nombre des voies dotées de bouches d'arrosage à la lance est limité. Au 1er janvier 1923, il n'existe que 7.940 de ces bouches (diamètre 40 millimètres, alimentées par un branchement de 27 millimètres), réparties le long de 200 kilomètres environ de voies, la plupart plantées ; les 4/5e des trottoirs de Paris en sont par conséquent démunis.

Pour ces derniers, on étudie encore le procédé économique de lavage. Quand on y est contraint, on y répand de l'eau avec un tonneau à bras, — ou bien en puisant cette eau avec une écope dans le caniveau. Les deux procédés sont fort peu efficaces : le second doit être proscrit, car il conduit à un véritable gaspillage de l'eau qui coule en excès jusqu'à l'égout.

On a tenté, sans grand succès, d'utiliser un engin laveur, circulant sur la chaussée, mais lançant sur le trottoir un jet suffisamment fort ; pour éviter de mouiller les devantures et d'inonder les soupiraux, le jet doit être amené aussi près que possible des façades et être dirigé vers la chaussée. La régie des T. A. M. a réalisé un engin dont le bec laveur est supporté par une tubulure formant pont assez élevé pour passer par-dessus les foyers d'éclairage ; le maniement n'en est pas très pratique.

D'autre part, on ne peut guère songer à faire circuler sur le trottoir un véhicule automobile portant une charge notable d'eau, analogue à l'auto-arroseuse. Bref, la question est loin d'être résolue.

Caoutchoutage. — Le lavage est toujours avantageusement suivi d'un caoutchoutage que l'on fait jusqu'ici à bras (2.000 mètres carrés par ouvrier-heure). On peut l'exécuter plus économiquement à la machine avec l'engin léger dont il a été parlé à propos du coupage des cordons. Dans le modèle réalisé par la régie des T. A. M. la partie du train de raclettes qui déborde du châssis peut s'effacer au passage des obstacles. Puisqu'on ne lave pas on n'a pas l'occasion d'employer cet engin, dont la circulation, à la vitesse de 5 ou 6 kilomètres à l'heure, sur les trottoirs ne pourrait s'exercer que de grand matin.

Balayage-humectage. — Les études du Service se portent également vers la réalisation, sur les trottoirs, du balayage-humectage. De petits balais-rouleaux ramasseurs, mus à bras, avec rampe d'humectage débitant moins de $0^l,03$ par mètre carré, sont en essais.

Encombrement des trottoirs. — Le problème du nettoiement des trottoirs se complique de ce fait que rares sont les heures de la journée où le Service peut y travailler utilement.

Dans la journée, la population qui y circule, et surtout les boutiquiers riverains dont beaucoup y ont des étalages, font grise mine à l'approche du cantonnier. Le matin, dès six heures, les trottoirs sont encombrés par les alignements des boîtes à ordures. On ne peut les laver que plus tôt. Mais à peine rendus propres, ils sont souillés par les récipients plus ou moins remplis d'ordures ménagères qui sortent des maisons et que les chiffonniers ne se font pas faute de renverser, sur une toile avons-nous dit, pour exercer leur cueillette.

Avec les habitudes actuelles de la population parisienne, et étant donné qu'elle n'a pas voulu du nettoiement de nuit, on ne voit pas de solution réellement satisfaisante.

Il n'en sera sans doute pas ainsi dans l'avenir, lorsque le matériel de la collecte aura été perfectionné, notamment lorsque l'on pratiquera la boîte échangeable ; les encombrements matinaux des trottoirs disparaîtront et l'on pourra apporter à ces derniers des soins plus réguliers.

Pour l'instant, la question du lavage des trottoirs n'est pas résolue et reste à l'ordre du jour.

CHAPITRE XII

CHAUSSÉES ET TROTTOIRS. LUTTE CONTRE LE GLISSEMENT

Coefficient de frottement. — Après un lavage ou un décapage, lorsqu'un revêtement de chaussée ou de trottoir est net et sec, il présente des coefficients de frottement très élevés qui atteignent moyennement :

0,30 avec le fer,

0,50 avec le caoutchouc ou le cuir. — Si l'on mouille le même revêtement, propre, les coefficients de frottement diminuent (d'environ moitié) mais restent toujours notables.

Mais si le revêtement est sale, les dits coefficients s'abaissent énormément et, s'il est mouillé, peuvent tomber à moins de 1/10e de leur valeur ci-dessus. Gens et véhicules glissent alors sur une couche de boue.

Sablages. — L'usage est de parer aux effets de la boue par des sablages. En cas de nécessité, les cantonniers font, à la brouette et à la pelle, un sablage général sur les chaussées, principalement sur les revêtements lisses et en pente. En outre, du sable est approvisionné à l'avance en différents points des trottoirs, soit en tas, soit dans des bornes spéciales, en fonte, d'une contenance de 400 litres, dites « boîtes à sable « (fig. 38). Il y a ainsi, en permanence, outre 32 boîtes à sable, plus de 2.000 dépôts de sable, constituant un volume d'environ 1.800 mètres cubes et où tout le monde peut puiser.

Le Service ne se résoud qu'à contre-cœur à jeter du sable. Il n'est en effet qu'un palliatif tout temporaire au glissement. Au début, les grains de sable anguleux qui s'interposent entre le revêtement et les chaussures des passants, les fers des chevaux ou les bandages des roues des véhicules, leur permettent bien de s'agripper au sol.

Mais ces mêmes grains se pulvérisent sous l'effet de la circulation et, au bout de quelques minutes, ils sont réduits à l'état de poussière qui s'incorpore à la boue et augmente le mal que l'on voulait combattre.

Importance des lavages. — Le procédé le plus sûr pour faire disparaître ou éviter le glissement est de maintenir le revêtement

Fig. 38. — Boite à sable et sablage à bras.

propre en le lavant aussi fréquemment qu'il le faut. C'est pourquoi le Service restreint sur les chaussées les sablages à mesure qu'il y augmente la fréquence des lavages ; lorsque cette fréquence sera devenue suffisante, le sablage disparaîtra.

Actuellement, la circulation est, sur certaines voies, assez intense pour rendre les revêtements boueux et glissants dans l'intervalle de deux lavages. L'usage du sablage persiste; la Société protectrice des animaux le réclame à chaque changement de saison, et l'action du Service se borne à en modérer l'emploi.

Sablage mécanique. — Si l'on devait pratiquer couramment les sablages généraux des chaussées, on aurait économie à remplacer le travail à bras par celui d'un engin mécanique. Divers types de machines sableuses (fig. 45 et 46) ont été réalisés par les agents du Nettoiement, et fonctionnent bien.

Elles emploient un ou plusieurs distributeurs à plateau centrifuge, montés sur une remorque qu'on attelle à l'auto-tombereau qui transporte la matière à répandre, laquelle peut être du sable, du sel, etc. Ce sont des remorques sableuses-saleuses. On les emploie peu comme sableuses, puisque l'on réduit aux besoins locaux les répandages de sable.

Verglas. — Le verglas annule tout à fait le frottement des revêtements, même s'ils sont propres. Sa production à Paris a rarement un caractère uniforme pour toutes les rues ; il n'apparaît que par places, dans certaines voies malencontreusement exposées.

On verra à propos de la lutte contre les neiges qu'en cas de verglas, les habitants doivent jeter sur les trottoirs des cendres et autres matières. De son côté, le Service municipal répand du sable sur les chaussées. Sable et cendres n'agissent que temporairement, comme dans le cas de la boue : tout d'abord actifs, ils deviennent sans effet aussitôt que pulvérisés par la circulation ; en outre, une fois le verglas disparu, leurs débris salissent les revêtements.

Emploi du sel. — Depuis 1917, on s'efforce de propager l'emploi du sel pour combattre le verglas. Le sel, répandu à la dose de 30 grammes-mètre carré environ, a tôt fait de fondre la mince couche de glace qui constitue le verglas. Le mieux est même d'opérer des salages préventifs (à 15 grammes-mètre carré) aux endroits où l'expérience a montré que le verglas a tendance à naître, et on empêche dans tous les cas sa formation. En même temps, la voie publique reste propre.

Mais il faut compter avec les habitudes prises ; certains riverains se croient abandonnés par le Service s'ils ne voient pas de sable sur les chaussées par les temps où le verglas risque d'apparaître. Pour leur donner satisfaction, on répand alors un mélange de sable et de sel, en restreignant, d'année en année, la proportion du sable.

Conclusion. — En somme, les méthodes (lavage ou salage) que le Service emploie tendent à faire disparaître la cause (boue ou verglas) du glissement, et par conséquent l'emploi du palliatif (sablage) jusqu'ici appliqué.

CHAPITRE XIII

LUTTE CONTRE LA POUSSIÈRE

Origine de la poussière. — A côté de la masse importante des ordures ménagères (1.800.000 mètres cubes par an), le volume de la poussière à Paris peut paraître très réduit. Boue et poussière ne dépassent guère par an 50.000 mètres cubes, ce qui correspond à peine à une pellicule de 3 millimètres qui recouvrirait, chaque année, tout le sol de la voie publique. Ce chiffre ne comprend pas 10.000 mètres cubes de débris d'empierrement qui sont enlevés directement au tombereau. Mais ce petit volume de poussière et de boue est obsédant, c'est lui qui constitue la mince couche contre laquelle la machine balayeuse est impuissante et qui donne au sol cet aspect grisâtre et uniforme bien connu. Ses effets sont toujours désagréables aussi bien par temps de sécheresse, où l'on a la poussière, que par temps humide, où l'on a la boue.

Pour combattre efficacement un ennemi, il faut le bien connaître ; efforçons-nous de discerner d'où vient cette poussière si gênante.

Quelques expériences ont permis de déterminer grossièrement sa provenance.

Une partie de la poussière vient d'en haut. Elle s'échappe des usines et est due aussi à l'action des ménagères qui secouent par les fenêtres leurs objets poussiéreux. Cette partie ne représente guère que les 25 p. 100 du volume total, dont la plus grande partie, soit 75 p. 100, se forme sous nos pieds mêmes dans les proportions ci-après :

42 °/₀ sont dus à l'usure des revêtements de la voie publique.

17 °/₀ au sable et au gravillon que le Service municipal de la Voie publique et du Nettoiement répand sur les chaussées, soit en vue de les préserver, après réfection, soit pour combattre le glissement.

8 % aux gravats et matériaux divers qui tombent pendant les transports et manutentions, notamment pendant la collecte des ordures ménagères.
4 % à l'usure des bandages des véhicules et des semelles de nos chaussures.
4 % à l'usure des balais et raclettes employés pour le nettoiement.

Ensemble 75 %.

Cette dernière proportion de 4 p. 100 paraît modeste; elle correspond cependant à un volume annuel de 1.000 mètres cubes

Cette énumération montre le peu d'importance que pourraient avoir, en l'espèce, des mesures préventives. Les règlements pourraient peut-être empêcher la production des fumées provenant des usines et le jet des poussières par les fenêtres, et obliger les manutentions et transports à se faire proprement ; on ne peut rien contre l'usure des revêtements, celle des bandages et celle des balais, qui entrent pour plus de 50 p. 100 dans la production de la poussière. La majeure partie de celle-ci est, par conséquent, un effet de la circulation elle même. Le Service ne peut que la combattre après qu'elle s'est produite, soit en la faisant disparaître, soit, lorsqu'il n'y peut parvenir, en l'empêchant de se soulever.

Arrosage. — On combat, à Paris, le soulèvement de la poussière en l'agglomérant avec de l'eau.

A diverses reprises, on a tenté de faire appel aux propriétés des corps déliquescents (généralement du chlorure de calcium ou de magnésium) qui, en absorbant l'humidité de l'air, devraient suffire à coaguler la poussière sur laquelle on les répand en poudre fine; par une sorte d'homéopathie, pour combattre la poussière, on lui ajouterait une poussière nouvelle. Les essais, renouvelés encore en 1922, ont toujours été désastreux ; l'effet du corps déliquescent disparaît en quelques jours, sinon en quelques heures.

Sous le climat de Paris, où il pleut un jour sur deux, on ne connaît qu'un moyen pratique d'annuler la poussière, c'est d'arroser avec de l'eau.

Arrosage des chaussées. — En 1893, on arrosait, en été, les chaussées deux fois par jour en moyenne, partie avec un tonneau, partie avec la lance (fig. 39).

Aujourd'hui, on emploie presque uniquement l'arroseuse automobile, avec une gamme plus complexe.

Arrosage au tonneau à cheval. — Le tonneau à un cheval primitif (fig. 40) jetait sur les chaussées l'eau par une rampe qui produisait un répandage sensiblement uniforme, sur une largeur de 3 mètres, avec une intensité atteignant 0l80 : mètre carré.

Fig. 39. — Arrosage à la lance.

Un perfectionnement fut de remplacer la rampe par le distributeur cylindrique, dont il est parlé plus loin, et dont les premiers types en France sont dus à MM. Fauvet et Plainchamp. La largeur arrosée atteignit 5 mètres, et l'on put répandre jusqu'à 4 mètres cubes par heure et par véhicule.

Arrosage à la lance. — L'arrosage à la lance (fig. 39) est moins coûteux. Dans l'état de la distribution des eaux à Paris, le débit moyen d'une lance d'arrosage est voisin de 1 litre-seconde, et, déplacements et manœuvre compris, un cantonnier arrive avec elle à répandre 2^{m^3},400 par heure.

C'est pourquoi le Service municipal étendait sur les chaussées le plus possible l'arrosage à la lance, malgré ses multiples inconvénients, notamment en ce qui concerne l'encombrement.

Arrosage automobile (fig. 41). — Afin de réaliser économiquement l'arrosage avec l'automobile, il a fallu creuser le problème de l'arrosage ; en voici les principaux termes :

Fig. 40. — Tonneau à cheval pour arrosage.

Propriétés de la poussière. — Pour ne pas être soulevée par le vent ou la circulation, une couche de détritus doit contenir une certaine humidité, c'est-à-dire un certain nombre de grammes d'eau par mètre carré. Elle se réduit en boue dès que cette humidité dépasse une certaine teneur, et, si l'on y ajoute encore de l'eau, celle-ci ne s'incorpore plus à la couche, mais ruisselle à sa surface.

Abandonnons à elle-même une couche plus ou moins humide ; l'évaporation la dessèche d'autant plus vite que le vent est plus violent et que l'état hygrométrique de l'air ambiant est plus faible.

Lorsque l'humidité de la couche est inférieure à celle qui correspond à la boue, l'évaporation suit une sorte de loi exponentielle.

Lorsque la couche paraît sèche au point que la poussière peut se produire, elle contient encore une quantité d'eau que nous appellerons « humidité rémanente ».

Les termes du problème sont, par conséquent, assez simples. Une couche de détritus se définit, au point de vue de l'arrosage, par les humidités limites correspondant à la production de la boue ou de la poussière, tandis que les circonstances atmosphériques se résument dans le temps caractéristique que l'évaporation met à faire passer la couche de l'état « boue » à l'état « poussière ».

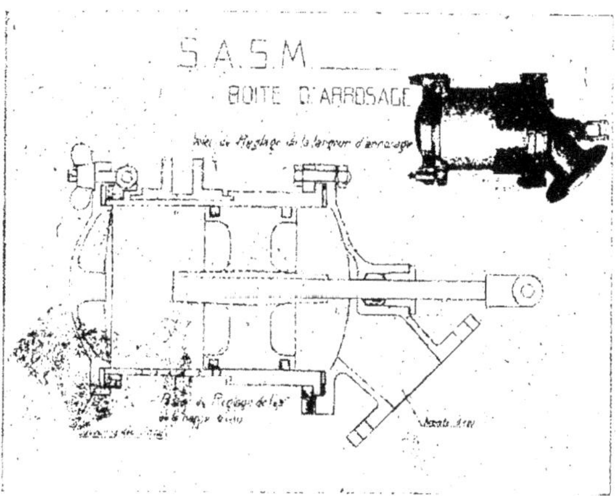

Fig. 41. — Automixte (S. A. S. M.). Système distributeur pour arrosage.

L'expérience semble montrer qu'à Paris la couche laissée par les machines balayeuses répond aux données moyennes suivantes :

Humidité rémanente	225 gr. par m²
Humidité minimum correspondant au soulèvement de la poussière.	450 gr. »
Humidité minimum correspondant à la boue.	1.250 gr. »

En ce qui concerne les circonstances atmosphériques, en tablant sur l'état hygrométrique de 1/2 qui est sensiblement la moyenne à Paris, on trouve que le temps caractéristique ci-dessus défini est :

à 10°, de 10 heures environ, et se trouve réduit :

à 20°, à la moitié de cette valeur,

à 30°, au tiers de cette valeur.

Répétition des arrosages. — L'engin répand une certaine quantité d'eau par mètre carré. Il ne faut évidemment pas en répandre au point de provoquer de la boue, et l'on ne saurait dépasser sans imprudence 1.000 grammes (ou 1 litre) par mètre carré. D'autre part, pour réaliser l'arrosage parfait, il faut recommencer l'arrosage au moins au moment où l'humidité de la couche est réduite à la valeur correspondant au soulèvement de la poussière. On est ainsi amené

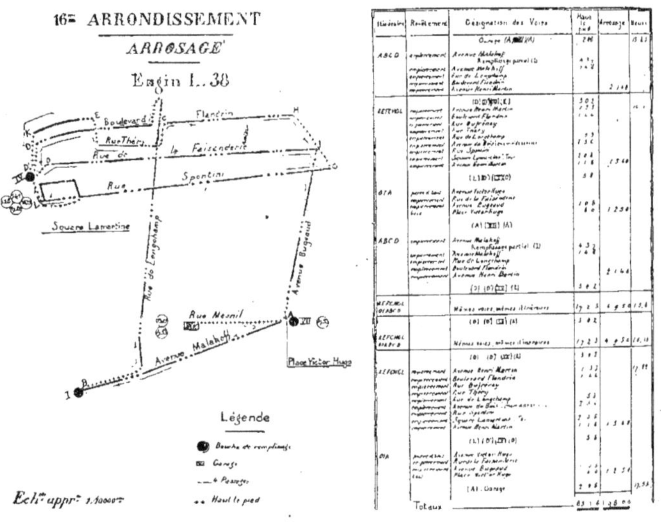

Fig. 42. — Plan d'arrosage. XVIe Arrondissement (partie).

à répéter plusieurs fois l'opération à intervalles déterminés, dans une même séance de travail.

Le calcul montre qu'on ne devrait pas, à Paris, pratiquer de répandage inférieur à 0l,35 par mètre carré. Il montre également qu'on a intérêt à réduire le nombre des arrosages en répandant, chaque fois, la plus grande quantité d'eau possible ; c'est ce que connaissent bien les villes de province qui arrosent copieusement leurs chaussées empierrées un petit nombre de fois par jour, en se contentant même d'un seul arrosage qui noie réellement la chaussée.

Itinéraires de l'arrosage. — On démontre sans peine que, pour réaliser en arrosage le parcours minimum, il faut employer la plus grande largeur de trait possible. Les engins actuels, capables d'exécuter un trait large de 14 mètres, peuvent, comme on l'a dit, couvrir en un passage aller et retour toutes les chaussées parisiennes. Il en résulte qu'on les fait généralement travailler isolément, sans en constituer de train, et que l'établissement de leurs itinéraires (fig. 42 et 43) est des plus simples. Le service pair sera l'exception, puisque, tant que la largeur de la chaussée est inférieure à 14 mètres, ce qui est le cas de la plupart des voies urbaines, il revient au même

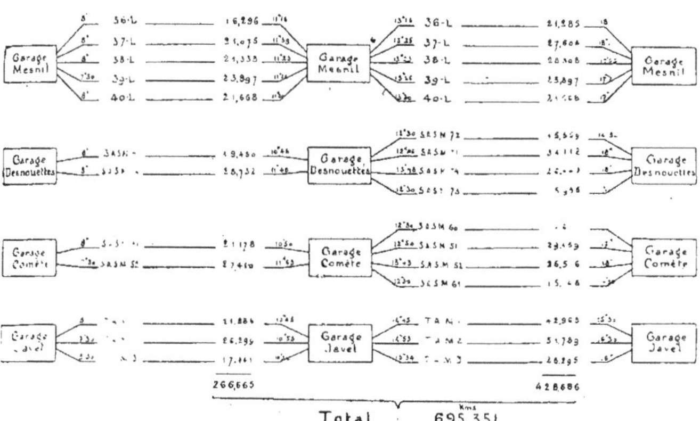

Fig. 43. — Arrosage. Résumé pour le XVIe Arrondissement.

de faire deux passages en travail, ou d'arroser en un seul passage toute la largeur de la chaussée, puis de revenir à vide vers la bouche de remplissage.

Les données numériques concernant l'arrosage figurent au tableau du Chapitre VII. Ajoutons que l'évaluation sommaire du parcours total nécessaire à l'arrosage d'un réseau de voies est sensiblement égal à la longueur de ces voies augmentée du quotient par la surface qu'arrose une tonne du moment de transport déjà défini.

Le moment de transport doit faire l'objet d'une évaluation séparée pour chacune des catégories de voies dont on parle plus loin.

Intensité d'arrosage. — Au début de l'arrosage automobile des chaussées, pour réaliser une économie, on a réduit la quantité d'eau répandue par mètre carré, ou intensité moyenne, à $0^{l},30$ par mètre carré et même moins. Par un jour d'été, cette faible quantité d'eau disparaît très vite. Pour faire face aux légitimes réclamations du public, on a été amené à multiplier les passages dans une même voie. L'étude dont les résultats ont été indiqués plus haut montre qu'on aurait économie à pratiquer une intensité plus élevée, au moins égale à celle de $0^{l},50$ par mètre carré que procurait le dernier modèle de tonneau à cheval et à aller même jusqu'au maximum possible, qui paraît, en pratique, voisin de $0^{l},80$ par mètre carré.

Mais, dès qu'on a tenté d'augmenter le répandage d'eau, on a constaté que la boue se formait sur une certaine zone du trait d'arrosage, notamment près du véhicule.

Distributeur d'arrosage. — Ce fait tenait à ce que la gerbe sortie du distributeur ne produisait pas un répandage uniforme.

On a dit que ce distributeur est constitué par un cylindre à axe horizontal dont la paroi latérale est percée de petits orifices circulaires. Suivant l'inclinaison de l'orifice, le filet d'eau qui en sort va retomber plus ou moins loin. Les orifices sont groupés par tranches correspondant chacune à une section droite. Toutes les tranches sont identiques et la répartition de l'eau sur le sol dépend de celle des orifices sur la tranche. Cette répartition a fait l'objet d'études serrées de la part des agents du Nettoiement qui ont réussi à réaliser une uniformité suffisante de l'intensité d'arrosage sur toute la largeur du trait.

Mais la solution ne peut qu'être approchée. En effet, le débit total est réglé par un piston qui se déplace à l'intérieur du cylindre et permet de supprimer ou de mettre en service un certain nombre de tranches. En outre, un volet, mobile sur la surface extérieure du cylindre, peut couvrir les orifices les plus inclinés et par conséquent réduire la largeur du trait d'arrosage; enfin, l'appareil est alimenté par une pompe centrifuge reliée invariablement au moteur de l'engin. Il s'ensuit que, pour une position donnée du volet et du piston, la quantité d'eau distribuée dépend de la vitesse du véhicule. Auprès du véhicule, l'intensité d'arrosage est indépendante de cette vitesse, tandis que, vers les bords du trait d'arrosage, elle varie en raison inverse du carré de cette vitesse.

C'est seulement pour la vitesse de régime que le distributeur donne un répandage uniforme sur toute la largeur du trait. En s'écartant de cette vitesse, l'irrégularité du répandage s'accentue et peut être telle que, près de la voiture, cette intensité soit 10 fois plus élevée qu'à la limite extérieure du trait. D'où la nécessité de maintenir pendant le travail d'arrosage la vitesse à une valeur constante aussi voisine que possible du régime et l'utilité de munir les arroseuses d'un indicateur de vitesse.

On a conçu un régulateur commandé par le véhicule et rendant uniforme le répandage, quelle que soit la vitesse ; il n'est pas encore en service courant. Pour un premier réglage, on se contente d'amener tous les engins à distribuer avec le distributeur ouvert en grand 1 litre d'eau par mètre carré à la vitesse de 12 kilomètres-heure. La substitution de cette intensité à celle de $0^{l},30$ par mètre carré permet, pour la même quantité d'eau répandue, de réaliser sur les parcours une économie de plus de 20 p. 100.

Capacité de la tonne. — Avec la valeur actuelle des primes journalières et kilométriques, la capacité de 3.200 à 3.500 litres donnée aux tonnes existantes est trop élevée. On aurait économisé 10 p. 100 environ sur les dépenses d'arrosage en limitant, comme pour les lavages, la capacité de la tonne à $2^{m^3},500$. Avec raison, on a renoncé à la tonne de 5.000 litres qui avait été mise en essai avant la guerre.

Influence des circonstances ambiantes. — Suivant les circonstances du moment, l'agent municipal chargé de donner les ordres pour l'arrosage doit augmenter ou diminuer la quantité d'eau à répandre au cours d'une séance de travail. D'après ce qui vient d'être exposé, le plus économique serait d'employer dans chaque cas l'intensité d'arrosage maximum. La réalisation de cette intensité est possible; elle exigerait, de la part des agents qui la déterminent et des conducteurs d'automobiles qui l'appliquent, un entraînement professionnel qu'on n'a pu encore leur donner. Il faut pour l'instant se contenter d'une solution moins parfaite, mais qui paraît d'application plus simple. Elle consiste à employer une intensité d'arrosage constante ($0^{l},50$ par mètre carré) et à réitérer, au cours d'une même séance de travail, les répandages.

Par raison d'économie, on a dû renoncer à assurer, par un beau jour d'été, dans toutes les voies, l'arrosage parfait défini plus haut, et l'on s'est résigné à laisser, dans l'intervalle de deux arrosages successifs, chaque voie exposée, pendant un délai plus ou moins long, au soulèvement de la poussière. A l'avance, les voies à arroser ont été groupées par catégories suivant l'importance de ce délai, ou, ce qui revient au même, d'après la fréquence des arrosages.

L'empierrement figure évidemment dans les premières catégories. Les fréquences varient elles-mêmes avec la température, conformément au tableau ci-après :

PLANS d'arrosage.	TEMPÉRATURE ambiante maximum de la journée.	NOMBRE D'ARROSAGES A FAIRE avec 0,5 litre : m², temps moyen sur une chaussée de :				
		1re catégorie.	2e catégorie.	3e catégorie.	4e catégorie.	5e catégorie.
I	16°	1	»	»	»	»
II	de 17° à 21°	2	1	»	»	»
III	de 22° à 26°	3	2	1	»	»
IV	de 27° à 31°	5	3	2	1	»
V	32°	7	5	3	2	1

Le rôle de l'agent municipal peut ainsi être limité à faire appliquer un plan de travail ou un autre. Les indications concernant la température ne sont d'ailleurs pas absolues, et le même agent peut parfaitement, s'il le juge bon, faire appliquer le plan de travail correspondant à une température différente de celle qui existe ; il peut ainsi tenir compte des variations des circonstances ambiantes au cours de la journée [1].

Ajoutons que le plan V exige l'emploi de 200 engins arroseurs, travaillant sept à huit heures et parcourant plus de 10.000 kilomètres par jour.

(1) Il n'est pas inutile de remarquer que les plans de travail déjà établis permettent d'appliquer une autre intensité que celle de 0l,50 par m². Par exemple, pour appliquer l'intensité de 0l,8 par m², il suffit de diminuer de une unité le numéro du plan de travail et de modifier les horaires pour tenir compte des remplissages. En effet :

5, 3, 2, 1 arrosages à 0,8 litre : m² répandent autant d'eau que 7, 5, 3, 1 arrosages à 0,5 litre : m².

Valeur donnée à l'eau par l'arrosage mécanique. — Dans la réalité, le problème de l'arrosage mécanique est loin d'être complètement élucidé et son étude se poursuit. Peut-être sa solution sera-t-elle plus accessible en prenant, pour évaluer les dépenses, d'autres bases que des primes journalières et kilométriques ; — en payant, par exemple, la masse d'eau répandue. Dans ce but, M. Dupré, ingénieur, a réalisé un compteur d'eau qui s'adapte aux tonnes et qu'on a mis à l'essai.

Fig. 44. — Tonneau d'arrosage à bras.

Ajoutons qu'avec l'auto-arroseuse, le répandage de 1 mètre cube d'eau, en arrosage, revient de 1 fr. 50 à 2 francs; cette valeur est bien plus élevée que celle (0 fr. 30 à 0 fr. 50) de ce même mètre cube d'eau au moment où on le puise à la bouche de remplissage ; elle incite à perfectionner l'opération mécanique.

Arrosage des trottoirs et contre-allées. — Ainsi qu'on l'a rappelé au Chapitre XI, l'arrosage des trottoirs, en été, incombe à Paris aux riverains (ordonnance de police du 20 juillet 1851); ils ne le font guère.

Le Service municipal pratique quelques arrosages à la lance et au tonneau à bras (fig. 44), sans donner à ces opérations une organisation régulière.

Un industriel avisé fait de la réclame sur les trottoirs en les humectant par endroits avec un chariots à bra qui imprime des inscriptions.

Importance des lavages. — Le mieux sera toujours de faire disparaître la poussière en lavant les revêtements des chaussées et trottoirs. Du coup, les arrosages seront rendus inutiles.

A mesure que le Service réussira à étendre les lavages, il devra restreindre les arrosages.

Il ne faut cependant pas compter que, sur les chaussées, les arrosages disparaîtront complètement à bref délai. Certains Parisiens ont la sensation qu'ils procurent de la fraîcheur ; ils les réclameront et longtemps encore trouveront un écho favorable dans la masse de la population.

CHAPITRE XIV

LUTTE CONTRE LA NEIGE

Importance annuelle des chutes. — Le climat de Paris est relativement doux. Pendant le mois de janvier, qui est le plus froid de l'année, la température moyenne, sur cinquante ans, est de + 2°9. Aussi l'apparition de la neige constitue-t-elle une exception. En moyenne, on compte par hiver quatre chutes de neige, dont l'épaisseur est aux environs de 0m,04 et la densité de 0,10. Cependant, l'une de ces chutes accumule sur les trottoirs et chaussées un volume de 700.000 mètres cubes, susceptible de remplir 100.000 auto-tombereaux et comparable au volume des ordures ménagères enlevé pendant six mois.

La neige à Paris est toujours un ennui sérieux pour la circulation. Elle dure trop peu pour que les habitants s'habituent à vivre avec elle ; le dégel vient toujours en quelques jours, sinon en quelques heures, et transforme les rues en cloaques. Les Parisiens ont, de tout temps, insisté pour que le Service municipal fasse disparaître de leurs rues la neige, dès sa chute. L'opération a même reçu un nom spécial : déblaiement de la neige.

Pendant longtemps, on a procédé par déplacement, en enlevant la neige et la transportant, par tous les moyens possibles, hors de la voie publique (décharges en Seine ou aux égouts). Aujourd'hui, on emploie un procédé de déblaiement plus rapide, le salage ; mais on conserve, à titre de secours, l'organisation ancienne du déblaiement par déplacement.

Déblaiement par déplacement. Plan de travail. — Les premiers règlements chargeaient les riverains d'opérer ce déblaiement ; on a relaté, au Chapitre I, la suite de leurs abstentions. Actuellement, les obligations des riverains découlent de la loi de 1873 sur la taxe de balayage, et de l'instruction préfectorale du 27 décembre 1871, dont les dispositions essentielles sont reproduites chaque année par un arrêté daté du 14 novembre, dont le Service distribue un extrait, sans grand succès, aux intéressés, au début de l'hiver. Les riverains n'ont plus, en temps de neige, à balayer que les trottoirs et caniveaux sur une largeur d'au plus 4 mètres au droit des façades, en rejetant la neige à la volée sur la chaussée, et à jeter du sable et des cendres sur les trottoirs ; l'Administration municipale fait le reste.

Au début de chaque hiver, le Service municipal prépare un plan de travail pour le déblaiement par déplacement ; les voies y sont classées en trois urgences. Le plan est grandiose. Il indique plus de 2.000 dépôts de sable ; 100 emplacements de la voie publique sont désignés où l'on pourra accumuler les neiges et glaces. Sur une trentaine de points les berges du fleuve sont affectées à la projection en Seine ; enfin, 750 bouches et plus de 400 regards ou cheminées spéciales sont affectés à la projection en égout. On prévoit également l'embauchage de nombreux ouvriers temporaires qui viendraient renforcer l'effectif des cantonniers titulaires et permettraient de quintupler le nombre des ateliers, ainsi que l'intervention de plus de 1.700 tombereaux automobiles ou à chevaux.

La grandeur donnée plus haut du cube de neige à déblayer avec la neige moyenne de $0^m,04$ d'épaisseur, fait comprendre l'importance de l'opération. En admettant qu'on pût réunir et mettre en action, sans retard, intégralement tous les moyens prévus par le plan de travail, le déblaiement par déplacement durerait au moins une semaine.

Aussi, cherche-t-on de moins en moins à l'appliquer pour employer le salage, plus rapide et moins coûteux.

Déblaiement par salage. — Depuis 1880, on fond la neige en la mélangeant avec le sel.

Le sel coûte relativement cher, actuellement 105 francs la tonne (non compris des droits fiscaux montant à 160 francs la tonne auxquels l'État et la Ville ont renoncé pour le sel employé au déblaiement des neiges). Son emploi s'est répandu de façon assez timide. Pendant quarante ans, on s'est astreint à ne mélanger à la neige que la dose tout juste suffisante pour amener celle-ci à l'état de bouillie, appelée pittoresquement « sorbet », que la balayeuse pouvait déplacer. La conséquence a été que, chaque fois qu'on s'est trouvé en présence de fortes chutes, le salage est resté sans effet et il a fallu attendre le dégel; tel fut le cas de la chute célèbre du 29 décembre 1908 (épaisseur 12 centimètres, par —7°). La légende s'implantait même que le sel était impuissant contre la neige de l'Est.

Depuis 1917, le Nettoiement emploie le sel dans les proportions mêmes que la physique fixe pour qu'il provoque, à coup sûr, la fusion de la neige. C'est ce que M. l'inspecteur général Bienvenue, dont la bienveillance éclairée a permis l'application du procédé, a appelé le « salage massif ».

Le poids de sel à employer est de 16 grammes par kilogramme de neige et par degré de température ambiante au-dessous de 0° [1]. Alors, la neige fond et coule à l'égout comme une pluie. La fusion est d'autant plus rapide que la circulation est plus intense et rend plus intime le mélange de la neige et du sel. Sur les grands boulevards on a réussi à faire disparaître en moins d'une heure des neiges importantes.

Le déblaiement des neiges est ainsi devenu une opération réellement technique et qui demande à être conduite avec méthode. Les détails en sont réglés par l'instruction du 1er janvier 1923 de M. l'inspecteur général Biette.

Exécution du déblaiement par salage. — On s'y prépare dès l'approche de l'hiver. A ce moment, on multiplie sur la voie publique les dépôts de sel, au besoin dans de petites baraques, et l'on reconstitue l'approvisionnement total, qui dépasse 11.000 tonnes et est largement suffisant pour un hiver moyen. Des postes d'observation, avec thermomètre, sont en même temps organisés où les agents et chefs ouvriers pourront relever les conditions locales d'après lesquelles ils détermineront l'intensité des répandages de sel (en grammes par mètre carré).

Rappelons que le Service est en relations, plusieurs fois par jour, avec les centres météorologiques, notamment avec les services de la Tour Eiffel et de la Tour Saint-Jacques, lesquels le préviennent de la probabilité des chutes.

Afin de proportionner la dépense de sel à l'importance de la chute, tout en opérant avec le plus de célérité possible, on a conservé la classification des voies en trois urgences, faite pour le déblaiement par déplacement. L'opération est conduite comme il suit.

(1) Jusqu'à — 21° C.

Pendant la chute même, on sale à raison de 100 grammes par mètre carré une piste centrale, sur les voies classées en première urgence. Puis, on complète le salage sur ces voies et l'on passe successivement aux voies de deuxième et troisième urgence; aussitôt que la fusion s'est fait suffisamment sentir, on attaque la chaussée avec les auto-balayeuses.

Des précautions sont à prendre en ce qui concerne les voies de

Fig. 45. — Saleuse-sableuse Guérard.

tramways, dont la S. T. C. R. P. admet difficilement le salage, ainsi qu'avec les chaussées empierrées, dont la plupart sont seulement sablées, mais non salées.

Dans tous les cas il convient d'éviter de former des cordons de neige non salée et de s'attacher à rejeter à la volée, sur les parties de voie publique que l'on sale, la neige retirée des parties que l'on ne sale pas (trottoirs comme chaussées). Certains trottoirs, notamment sur les places et refuges, sont salés; pour le reste, on procède par déplacement en formant des ateliers spéciaux de cantonniers qui viennent compléter les travaux que les riverains doivent faire et, le cas échéant, y suppléent.

Plan de travail du déblaiement par salage. — Le répandage du sel doit être opéré par tous les moyens possibles en employant le procédé le plus rapide. Par suite de la constitution de petits dépôts de sel disséminés sur la voie publique le premier moyen mis en œuvre est le salage à bras avec la brouette ; il faut en effet un certain temps pour charger plusieurs tonnes de sel dans un auto-tombereau. Dès

Fig. 46. — Saleuse-sableuse Monnier.

que les auto-tombereaux sont chargés on obtient plus de rapidité en jetant le sel à la pelle du haut des véhicules. On obtient une rapidité plus grande encore en utilisant les remorques saleuses (fig. 45 et 46) dont il a été parlé au Chapitre XII. Il en résulte que le service doit établir :

un plan de salage à la brouette

et un plan de salage à l'auto-tombereau.

Les agents locaux mettent en œuvre tout d'abord le plan qui correspond au salage à la brouette et lui substituent par fractions le plan de salage à l'auto-tombereau dès que les véhicules arrivent sur le tas.

On opèrerait très vite le chargement des auto-tombereaux si l'on disposait d'approvisionnements de sel placés dans des silos surélevés d'où les matières pourraient, par gravité, être descendues dans les auto-tombereaux. Le Service en a commencé l'étude.

Enfin, le balayage de la neige après fusion nécessite un plan de travail spécial, qui ne diffère guère du plan de balayage-humectage (salé) appliqué en temps de verglas en faisant jouer tous les engins balayeurs.

Résultats procurés par le salage massif. — Depuis 1917, le salage massif s'est montré suffisamment actif à lui seul pour réaliser le déblaiement des chutes de neige sans qu'on ait besoin de recourir en tout ou partie à la constitution des ateliers du déblaiement par déplacement.

Le tableau suivant résume les durées et dépenses correspondant, dans les circonstances actuelles, aux diverses phases du déblaiement des chaussées de Paris (trottoirs et zones des voies de tramways non compris) pour une neige moyenne (épaisseur $0^{m},04$), exigeant pour fondre 100 grammes par mètre carré.

	HORAIRE DE LA FIN DE LA PHASE (après la mise en route du déblaiement).	DÉPENSE (sel compris).
Voies de première urgence :		
Pistes.	5 heures.	53.000 francs.
Bas côtés	7 —	22.000 —
Zones de tramways	9 —	22.000 —
Chaussées de deuxième urgence :		
Pistes.	10 h. 1/2	17.000 —
Bas côtés	13 h. 3/4	36.000 —
Chaussées de troisième urgence :		
Pistes.	15 heures.	10.000 —
Bas côtés	16 h. 3/4	20.000 —
Soit environ, en travail ininterrompu	17 heures.	200.000 francs.
(Ce délai s'augmenterait de la durée de toutes les interruptions pour nuit, intempéries, etc.)		
Le déblaiement des trottoirs augmenterait ces chiffres d'environ 50 % et les porterait à	25 heures.	300.000 francs.

CHAPITRE XV

NETTOIEMENT DES HALLES ET MARCHÉS

Halles centrales. — Le quartier des Halles présente à Paris une physionomie à part. Non seulement les Halles elles-mêmes, mais encore toutes les voies publiques avoisinantes comprises dans ce qu'on appelle « le Carreau », constituent un vaste marché extrêmement actif, pour le nettoyage duquel on a dû constituer deux ateliers de cantonniers spéciaux chargés, l'un, du nettoyage à l'extérieur, l'autre, du nettoyage à l'intérieur des pavillons, et comprenant dans leur ensemble plus de 100 ouvriers.

Nettoyage du Carreau des Halles. — La surface des voies publiques comprises dans le Carreau est d'environ 150.000 mètres carrés de chaussées et trottoirs. Sauf le lundi, un marché forain des produits maraîchers s'y tient tous les matins pendant cinq heures, de trois heures à huit heures en été et de quatre heures à neuf heures en hiver. Pendant la nuit, les maraîchers de la banlieue accourent de toute part vers les Halles; ils garent leurs véhicules dans les rues entourant le Carreau. Après leur départ, le sol reste jonché de 200 à 300 mètres cubes de débris, de quoi remplir 25 à 35 auto-tombereaux, auxquels s'ajoutent, d'heure en heure, les ordures rejetées des boutiques riveraines.

Tant que dure le marché, aucune voiture ne circule sur le Carreau. La police n'y laisse pénétrer les auto-tombereaux de la collecte que vers neuf heures ou dix heures du matin, suivant la saison.

Cependant, les cantonniers commencent leur ouvrage dès l'arrêt des transactions. A travers les groupes des maraîchers, ils retroussent les ordures en tas (fig. 47) là où ils peuvent. Dès que les auto-tombereaux arrivent, ils y chargent les ordures avec des fourches. Pendant ce chargement, qui prend toutes les heures de la matinée et dure jusque vers treize heures et parfois plus tard, on opère plusieurs balayages à bras successifs. C'est seulement dans l'après-midi que l'on peut couler les caniveaux, faire passer les auto-balayeuses et gratter les trottoirs.

Ajoutons que les marchands mettent peu d'empressement à quitter le Carreau. Pour dégager, vers dix heures, les voies du tramway (rues Berger, de Turbigo, etc..) il faut, en quelque sorte, les chasser en faisant fonctionner à plein les becs laveurs d'une automixte.

Fig. 47. — Carreau des Halles. Retroussage.

Emploi de boîtes à ordures roulantes. — La méthode ci-dessus présente de nombreux inconvénients, qui viennent surtout de ce que tout le monde peut disperser les tas d'ordures ou y ajouter de nouveaux détritus. A midi encore, des ordures sont déposées sur les voies publiques, et le quartier le plus central de Paris n'est pas complètement nettoyé vers quatorze heures. Pour remédier à cette situation, le Service tente de réaliser, pour le Carreau, un progrès analogue à celui qu'a procuré l'arrêté de 1884 pour les autres voies, c'est-à-dire de ne plus laisser les ordures en dépôts sur le pavé, mais de les réunir dans une boîte.

On comprend que les poubelles des Halles doivent avoir de grandes dimensions. Celles qui sont en essai ont $1^{m^3},50$ et sont placées sur un petit chariot. Ce sont des boîtes à ordures roulantes (fig. 48). On les manœuvre à bras et remplit alors que les maraîchers sont encore présents. Puis, lorsque la circulation est permise sur le Carreau, on en forme, par quatre, des trains qu'un tracteur électrique, analogue à celui qui circule dans les gares, amène auprès d'une grue automobile qui les déverse en auto-tombereau. Ensuite, les boîtes sont ramenées sur la voie publique où on les laisse à la disposition des

Fig. 48. — Carreau des Halles. Boîtes à ordures roulantes.

riverains, qui n'ont plus ainsi de motif pour jeter à terre leurs ordures commerciales.

Lorsque le procédé aura été étendu à la totalité du Carreau, les Halles emploieront quatre-vingts boîtes à ordures roulantes de 1$^{m^3}$,500 et deux grues de chargement. — Le dégagement du quartier sera alors terminé au moment du déjeuner.

Utilisation des gadoues des Halles. — Les ordures enlevées du Carreau sont presque exclusivement composées de débris végétaux ; elles sont particulièrement recherchées comme engrais. En conséquence, elles ne sont pas mélangées, dans les usines de traitement, avec les ordures ménagères; on les charge directement en wagon pour les envoyer aux cultivateurs.

Ajoutons qu'un triage grossier exécuté au moment de la collecte permet d'en extraire les parties très combustibles (paille, débris de caisses d'emballage), qu'on incinère sur place dans un petit four dont on parle plus loin.

Fig. 49. — Halles Centrales. Enlèvement du poisson saisi.

Nettoyage à l'intérieur des pavillons des Halles — Pendant la journée, les ouvriers spéciaux balaient les sous-sols ; après l'arrêt des ventes, ils lavent, au rez-de-chaussée, avec de l'eau additionnée d'un antiseptique (crésol), le dallage des pavillons et le caoutchoutent. Enfin, ils nettoient les gargouilles et les escaliers. Les débris d'emballage, qui sont très volumineux mais brûlent facilement, sont incinérés dans un petit four spécial, dont le Service dispose dans le sous-sol du pavillon 3.

En outre, le Nettoiement participe à deux opérations particulièrement peu agréables : il est chargé de manutentionner le poisson et les viandes saisis (fig. 49). Les matières sont introduites dans des boîtes à ordures roulantes, — que le Service manœuvre, amène auprès de grues et déverse dans les voitures à caisses étanches des entreprises spéciales qui utilisent ces déchets organiques.

Marchés découverts. — Dans divers quartiers de Paris, se tiennent des marchés forains analogues au Carreau des Halles. Toutefois, les marchandises n'y sont généralement pas étalées à terre.

Dans chaque quartier, sur un ou plusieurs tronçons de voie, les marchands dits « des quatre saisons » sont autorisés à séjourner avec leurs petites voitures bien connues. Il en résulte des groupements souvent fort importants (rue du Faubourg-Saint-Martin, rue du Faubourg-Saint-Denis, avenue d'Orléans, etc.), mais qui sont généralement dissipés à midi, — en sorte que le nettoiement des emplacements où ils se sont constitués est opéré dès treize heures et n'occasionne aucune gêne à la circulation.

D'autres marchés ont un caractère plus permanent. Ils se tiennent sous des abris mobiles, constitués par des bâches soutenues par des armatures en fer, implantées elles-mêmes dans des douilles métalliques scellées dans le trottoir. On leur réserve particulièrement le nom de marchés *découverts*. Leurs emplacements, ainsi que les jours et heures d'ouverture et de fermeture, sont fixés par arrêté préfectoral. Ils sont actuellement au nombre de 42 ; — ils ne se tiennent qu'à certains jours de la semaine, généralement deux à trois fois par semaine chacun ; il y en a, en moyenne, 14 chaque jour (19 le mardi).

Le volume de détritus qu'on doit en enlever dépasse 150 mètres cubes et exige le chargement de 11 à 17 auto-tombereaux, ainsi que l'emploi de plus de 100 ouvriers.

Des boîtes à ordures ordinaires (100 litres) sont mises par le Service à la disposition des commerçants pour recevoir les produits avariés les plus susceptibles de salir la voie publique (débris de poisson et de viande). Mais la majeure partie des détritus est abandonnée à même le sol.

Les cantonniers pénètrent sur les marchés découverts dès la fin des ventes, et y opèrent le retroussage en tas des ordures éparses ; puis, dès que les marchands sont partis et que les auto-tombereaux peuvent approcher, ils y chargent à la pelle et à la fourche les ordures. Enfin, ils lavent et désinfectent les emplacements.

Le Service rencontre, sur les marchés découverts, dès qu'il veut accélérer ses opérations, la même entrave qu'aux Halles de la part des marchands qui sont peu pressés d'évacuer les places de vente. Pour donner satisfaction aux légitimes désirs du public, qui veut voir s'effacer dans le moindre délai les traces des marchés sur les parties de voies rendues à la circulation, l'emploi des boîtes à ordures roulantes, préconisées pour le Carreau, paraît indiqué et sera sans doute généralisé.

Marchés couverts. — Les marchés couverts se tiennent dans des pavillons analogues à ceux des Halles ; ils sont d'ailleurs en voie de régression. — En plus des Halles Centrales, ils ne sont qu'au nombre de 13.

Le Service fait chaque soir, pour tous, la collecte des ordures qui occupe en moyenne quatre auto-tombereaux. Il intervient à l'intérieur de six d'entre eux pour opérer, en outre, quotidiennement, le lavage et la désinfection du sol.

Entrepôts et abattoirs. — Enfin, le Service prête éventuellement son concours pour le nettoyage des entrepôts et abattoirs. C'est lui, notamment, qui a établi la curieuse machine à laver les échelles à moutons (fig. 50) qui fonctionne au marché aux Bestiaux de la Villette

Fig. 50. — Marché aux bestiaux. Machine à laver les échelles à moutons.

CHAPITRE XVI

MENUS TRAVAUX DE NETTOIEMENT

Classification des menus travaux. — Les cantonniers du Nettoiement exécutent d'autres travaux d'une importance moindre, mais plus nombreux, que ceux qui viennent d'être relatés. Ces menus travaux peuvent être classés en :

travaux spéciaux, qui nécessitent l'emploi de cantonniers spécialisés pendant toute la journée de travail, notamment ne participant pas à la collecte ;

travaux secondaires, lesquels se représentent chaque mois, parfois même chaque jour, mais ne prennent qu'une partie de la journée et peuvent être confiés à des ouvriers ayant déjà exécuté d'autres travaux ; en particulier, la collecte des ordures ménagères ;

travaux saisonniers, qui ne se font qu'aux époques favorables.

La distinction entre les trois catégories de menus travaux n'a rien d'absolu. On énumère les principaux de ces travaux que leur titre suffit souvent à caractériser.

Travaux spéciaux. — Le nettoiement des Halles Centrales pourrait être classé parmi ces travaux.

Nettoyage quotidien des urinoirs. — Tous les jours, les cantonniers doivent laver et désinfecter 1.499 urinoirs. Environ 110 ouvriers, pris parmi les exemptés du tombereau, sont spécialisés dans ce travail.

En outre, un service particulier, exécuté partie en régie, partie à l'entreprise et rattaché à la Section Est, s'occupe de l'entretien de 36 édicules mobiles placés sur les berges de la Seine, de 16 latrines aménagées dans les murs des quais de la Seine et des canaux, ainsi que des édicules mobiles disposés sur la voie publique à l'occasion de certaines fêtes (foire au pain d'épices, fêtes foraines de quartiers, etc.).

Contrôle automobile. — Dans les 21 garages d'engins automobiles et d'auto-tombereaux, il faut relever les compteurs kilométriques à chaque séance, au départ et au retour; on rappelle que les automixtes et les auto-balayeuses sont munies de plusieurs compteurs et que pour certains auto-tombereaux qui font des services commerciaux ou en banlieue, les compteurs doivent être notés au départ et au retour des dits services. Tous les relevés de compteurs sont exécutés par des chefs cantonniers et des cantonniers qui vérifient également les pesées, faites aux usines de traitement, des quantités d'ordures apportées.

Il faut en outre assurer le contrôle de route de tous les véhicules (observation des itinéraires, de la tenue au travail, etc.), principalement pour les engins automobiles. Ce contrôle prend, chaque jour, environ 80 ouvriers, tous bicyclistes, parmi lesquels figurent les releveurs de compteurs.

Aide au nivellement. — Deux ou trois cantonniers servent d'aides opérateurs à l'agent chargé du nivellement général de Paris.

Travaux secondaires. — On devrait placer parmi ces travaux le nettoiement des marchés couverts et découverts, l'ébouage des empierrements, le caoutchoutage des trottoirs après une pluie, le nettoiement en recherche fait l'après-midi, les nettoiements aux abords des chantiers, les sablages quotidiens aux endroits où séjournent les automobiles, etc...

Lavage des accessoires de la voie publique. — Le Service doit assurer le lavage régulier des 86.430 arbres et 7.814 bancs placés sur la voie publique, ainsi que de tous les accessoires en élévation (guérites de toutes sortes, boîtes-bornes postales, avertisseurs d'incendie, etc.). Il doit même laver les 5.466 [1] poteaux de trolley et plus de 25.000 plaques de noms de rues.

Les lavages font disparaître la poussière et surtout la boue que la circulation des voitures projette sur les divers objets et édicules. Ils se font, depuis le sol jusqu'à hauteur d'homme, en utilisant un seau et une brosse passe-partout. Pour les plaques de noms de rues on emploie un outil spécial, constitué par une éponge portée par une potence, placée elle-même à l'extrémité d'une perche en bambou.

Les lavages sont opérés aussi fréquemment qu'on le peut, mais sans aucune régularité. On utilise tous les instants disponibles.

(1) Non compris 1.868 poteaux provisoires que la Ville n'entretient pas.

Nettoiement des gargouilles et puisards situés sur les voies publiques. — Des gargouilles, généralement en fonte, existent encore sur certaines voies, dont les trottoirs ont une pente vers les façades (boulevard de Port-Royal, etc.) ou dont les habitations riveraines déversent leurs eaux pluviales sur la voie publique. Leur longueur dépasse 40 kilomètres[1]. En outre, sur quelques points (place du Tertre, etc.), les caniveaux aboutissent, non à des bouches d'égout, mais à des puisards reliés à l'égout par une tuyauterie. Le Service nettoie chaque jour gargouilles et puisards.

Nettoiement des escaliers. — De même, les escaliers en maçonnerie qui relient les voies publiques placées à des niveaux différents sont balayés tous les jours. Il en existe dans tous les arrondissements. Leur nombre atteint 179.

Nettoiement des lieux d'appel. — Les cantonniers disposent d'une centaine de lieux d'appel où ils viennent recevoir les ordres du Chef cantonnier et peuvent remiser leurs outils, changer de vêtements et se donner divers soins de propreté. Le nettoyage en comporte un balayage quotidien et un lavage avec désinfection toutes les semaines.

Échange de matériel. — Tous les deux à quatre jours, suivant les intempéries, chaque cantonnier reçoit de son chef d'atelier un balai de bouleau neuf, en échange d'un tronçon qu'il rend. Les lames de raclettes en caoutchouc, les balais-brosses, les manches à balais, les brouettes, etc., sont remplacés en cas d'usure. Une fois par semaine, le magasin central renouvelle les approvisionnements de chaque atelier et reprend les objets usés ou à réparer. Il en résulte des manutentions parfois importantes.

Travaux saisonniers. — Parmi les travaux saisonniers prennent place les sablages qui ne se font couramment que dans la saison froide, soit environ 60 jours par an, — l'arrosage à la lance des chaussées et trottoirs qui n'a lieu qu'en été, — et le déblaiement des neiges et glaces qui est tout éventuel.

Nettoiement des grilles et cuvettes d'arbres effectué au printemps (et parfois également à l'automne). — Ce nettoiement dure 30 jours et emploie plus de 250 cantonniers et chefs pendant toute la journée

Arrosage des arbres. — Opéré sous la conduite des chefs cantonniers des plantations, à la disposition desquels 80 cantonniers envi-

(1) Soit une surface en plan de 5 695 mètres carrés.

ron sont mis à peu près en permanence pendant cinq mois, de mai à septembre. L'arrosage se pratique en amenant avec le chapelet d'arrosage l'eau jusqu'à la cuvette de l'arbre.

Enlèvement des feuilles mortes. — Dure d'août à octobre, soit deux mois et demi, en employant environ 200 heures par jour. Les feuilles sont mises en tas, puis chargées en auto-tombereaux et portées aux usines de traitement d'ordures ménagères. On essaie souvent de les incinérer en des emplacements favorables, notamment sur les berges de la Seine ; le public le tolère peu.

Peinture des bancs. — On ne la fait guère qu'à la belle saison en moyenne, un banc exige trois heures et demie de travail de cantonnier pour être lavé et peint. Les 7.814 bancs occupent ainsi une vingtaine d'ouvriers pendant six mois. Le Service s'efforce d'étendre l'emploi de la machine à peindre (constituée par un éjecteur à air comprimé lançant un jet de peinture pulvérisée), qui permet de réduire au lavage l'intervention du cantonnier.

Manutention des approvisionnements de sel. — A l'automne, on complète la réserve de sel, en faisant l'acquisition et la rentrée en magasin d'une quantité égale à la consommation de l'hiver précédent.

Dès le mois de novembre, on établit les petits dépôts de sel, la plupart dans des baraques apportées spécialement sur la voie publique. Au printemps, on rentre en magasin le contenu des dépôts et des baraques. L'ensemble de ces manutentions occupe une cinquantaine d'ouvriers en permanence pendant 70 jours, la majeure partie à l'automne.

Remplacement des piétons. — Les cantonniers du nettoiement suppléent, en cas d'absence, les piétons des circonscriptions de travaux de la Voie Publique et du Nettoiement. Ce remplacement se fait surtout en été; il correspond à l'utilisation en permanence de sept ouvriers pendant six mois.

Peinture des poteaux de trolley. — Faite en belle saison par une entreprise dont les Chefs du Nettoiement contrôlent les travaux.

La plupart des travaux saisonniers sont peu goûtés des cantonniers; la tendance est de les faire exécuter par des ouvriers spécialisés ou par des temporaires dont on embauche 200 au printemps et 80 en été.

Présence sans travail. — Il convient de remarquer enfin que les cantonniers du Nettoiement, par suite de la multiplicité des besognes qu'ils ont à assurer et la diversité des emplacements où elles s'exécutent, doivent se déplacer fréquemment au cours de la journée de travail. Voici grossièrement le programme de celle-ci :

Matinée de 5 à 11 h.	Appel — déplacement — nettoyage des trottoirs — déplacement — collecte — déplacement — caniveaux — déplacement — appel.
Après-midi de 13 h. à 15 h. (ou 17 h.)	Appel — déplacement — travaux divers — déplacement — appel.

Fig. 51. — La journée du cantonnier du Nettoiement.

Le cantonnier doit répondre à quatre appels et se déplacer au moins six fois sur une distance moyenne de 500 mètres. On indique ci-après l'importance du temps passé ainsi sans travail. On ne peut dire que ce soit du temps perdu ; appels et déplacements résultent des conditions mêmes de la profession. On explique plus loin les procédés employés pour les réduire.

Une autre cause de présence sans travail est la paie, qui se fait une fois par quinzaine, l'après-midi.

La journée du cantonnier. — Mettons à part le nettoiement des Halles Centrales, qui est exécuté par des cantonniers spéciaux, et le déblaiement des neiges et glaces qui n'est qu'occasionnel. Un cantonnier du Nettoiement peut, au gré des circonstances, être appelé à participer à toutes les autres opérations, entre lesquelles son temps de présence se répartit annuellement comme il suit (fig. 51).

	Durée relative annuelle.	
A. — GROSSES OPÉRATIONS		
1. Coulage des caniveaux	258 mill^{mes}	
2. Collecte des ordures ménagères	175 —	
3. Déplacements quotidiens (appels et changement de lieu de travail)	163 —	
4. Nettoyage en recherche sur chaussées, crottinage	107 —	
5. Balayage à sec des trottoirs	71 —	
6. Coupage des cordons	32 —	
Ensemble des grosses opérations	806 mill^{mes}	806 mill^{mes}
B. — MENUS TRAVAUX		
7. Nettoyage quotidien des urinoirs	44 —	
8. Contrôle automobile	33 —	
9. Nettoyage des marchés couverts et découverts	16 —	
10. Arrosage à la lance	15 —	
11. Lavage des bancs, arbres et autres accessoires	14 —	
12. Caoutchoutage des trottoirs par temps de pluie	13 —	
13. Nettoyages spéciaux aux abords des chantiers, sablages quotidiens, nettoiement des escaliers	12 —	
14. Arrosage des arbres	11 —	
15. Assistance aux paies	7 —	
16. Nettoyage des grilles et cuvettes d'arbres	6 —	
17. Échange de matériel	4 —	
18. Sablages en saison humide	4 —	
19. Manutention du sel	3 —	
20. Ébouage de l'empierrement	3 —	
21. Peinture des bancs	3 —	
22. Curage des gargouilles et puisards	3 —	
23. Remplacement des piétons et aide au nivellement	2 —	
24. Enlèvement des feuilles mortes	1 —	
Ensemble des menus travaux	194 mill^{mes}	194 —
Total		1.000 mill^{mes}

Non compris les temps passés sans travail (déplacements et paies) mais en tenant compte du déblaiement des neiges et glaces, le cantonnier du Nettoiement participe à 23 opérations différentes. Celles-ci sont relativement simples. — Ce qui est compliqué, étant donné sa diversité, c'est l'organisation du travail. — On l'expose plus loin.

CHAPITRE XVII

APPROVISIONNEMENTS ET RÉPARATIONS

Lieux d'appel. — On a dit que chaque atelier de cantonniers disposait d'un lieu d'appel. C'est un ouvrage d'art déjà important

Fig. 52. — Lieu d'appel ancien type. Opéra.

(fig. 52 et 53). Il comprend au moins six locaux ayant des destinations bien définies :

— un bureau pour le chef cantonnier;

— une salle de réunion, avec lavabo, armoires individuelles métalliques et bancs pour une quarantaine d'ouvriers;

— un water-closet;

— une resserre à outils (balais-brosses, raclettes en caoutchouc; brouettes, chapelets d'arrosage, boîtes à ordures ménagères, etc.);

— une resserre d'atelier, — petit magasin où sont approvisionnées les matières fongibles, notamment une réserve de balais de bouleau, d'outils, de désinfectants, etc...;

— une resserre à sel, pour une trentaine de tonnes.

Lorsqu'on le peut, on place les lieux d'appel dans des terrains de plain-pied avec la rue, pour faciliter la ventilation et les manutentions. Sinon, on les dispose en souterrain ; — l'accès est un escalier en maçonnerie que recouvre une trappe métallique en plusieurs pièces dont la levée forme garde-corps ; éclairage par verres-dalles.

Fig. 53. — Lieu d'appel type moderne. A. Blanqui.

Il y a 107 lieux d'appel, dont :

50 en souterrain sous la voie publique,

30 en souterrain sous des immeubles communaux,

27 au rez-de-chaussée dans des propriétés communales.

Les dépenses d'établissement des lieux d'appel, non compris acquisition du terrain, représentent plus de 6 millions de francs.

Les lieux d'appel sont de création récente, les plus anciens datent de dix ans ; auparavant, les cantonniers se réunissaient soit en plein air, à un carrefour, soit dans des chambres souterraines étroites, analogues à des branchements d'égout. On s'explique ainsi pourquoi les lieux d'appel ne sont pas tous situés auprès du centre de la zone à desservir ; on les a construits où l'on a trouvé des emplacements disponibles et, étant donné l'encombrement des voies de Paris, le choix de ces emplacements soulève bien des difficultés.

Salles de paie. — Bureaux du Contrôleur technique. — Dans chaque arrondissement, une salle est disposée pour la paie des ouvriers : elle comprend un hall pour une cinquantaine d'ouvriers et un bureau avec guichet pour le payeur.

En outre, des bureaux sont aménagés pour le contrôleur technique et ses chefs principaux.

Resserres de canton. — Pour éviter au cantonnier de revenir au lieu d'appel lorsqu'il doit changer d'outillage, le Service a organisé de petites resserres de canton ; — il y en a dans certains édicules (notamment : 221 colonnes Moriss, 645 urinoirs à 3 et 5 stalles) ; d'autres, au nombre de 350, sont disposées dans des trous maçonnés aménagés dans les trottoirs et couverts d'une trappe, — dans des baraquements édifiés sur des portions de terrains devenus disponibles par suite de rectifications d'alignement, etc... Au total, il y en a 1.200 environ dont 200 au plus peuvent contenir une brouette ou un appareil d'arrosage. Leur nombre diminue même chaque jour, car les habitants ne tolèrent guère leur voisinage, surtout dans le centre. Il en faudrait 3.000.

Magasins. Approvisionnements. — Chaque section d'ingénieur en chef dispose de locaux assez vastes pour recevoir les approvisionnements et la réserve d'outillage et de matériel destinés aussi bien aux ouvriers de nettoiement qu'aux circonscriptions de travaux et de plantations. Chaque magasin est géré par un des agents techniques, adjoints au chef de circonscription du Nettoiement.

Le magasin de la Section Est, établi rue de Meaux, 64, est plus important; il est dit Magasin central et utilise un agent technique spécial. C'est lui qui centralise la plupart des commandes, passe les marchés et opère les réceptions.

Le Nettoiement consomme annuellement plus de 350.000 balais de bouleau et plus de 60.000 kilogrammes de produits chimiques (désinfectants et acides), sans compter une quantité considérable de manches à balais, pelles, raclettes, brouettes, seaux, tuyaux d'arrosage, etc...

Les approvisionnements maintenus en permanence dans l'ensemble des magasins atteignent : 60.000 balais de bouleau, et

Fig. 54. — Corbeille à papier.

12.000 tonnes de sel. — Sur la voie publique, les dépôts contiennent 2.000 mètres cubes de sable.

Parmi le matériel tenu en réserve pour le Nettoiement figurent :

30 tombereaux à 1 cheval,

60 tonneaux d'arrosage hippomobiles,

140 balayeuses hippomobiles, dont 80 prêtées aux Compagnies de Tramways,

et 70 tonneaux à bras.

Ateliers de réparations du matériel. — A chaque magasin de section est annexé un atelier de réparations du matériel, qui contient une dizaine d'ouvriers et aides (forgeron, serrurier, charron, menuisier, peintre, etc.) et assure en régie les petites réparations au matériel de la voie publique, du nettoiement et des plantations, en particulier le remontage des pioches. L'atelier de la Section Est, dit atelier central, possède 50 ouvriers d'état et aides, dotés d'un outillage moderne, et exécute des travaux neufs, pour le compte des autres services, notamment des brouettes, camions, chariots de transplantation, corsets d'arbres, corbeilles à papier (fig. 54), etc...

Le matériel en service courant s'use rapidement : garde-corps d'escaliers et de passerelles, trappes de lieux d'appel, de resserres ou de trous à sable, — armoires, lavabos, baraques, bancs, etc., ne sont ménagés ni par le personnel, ni par le public.

A l'atelier central est adjoint un atelier de fabrication en régie des balais de bouleau, qui fonctionne par intermittence, lorsque le Service rencontre trop de difficultés à maintenir ses approvisionnements. L'atelier se procure dans les forêts de l'Ile-de-France, de l'Orléanais et de la Champagne, des fagots (ou bourrées) de bouleau, qu'il transforme en balais au moyen d'un petit outillage dû à M. le conducteur Duchateau.

Atelier de brosserie. — Enfin, la section Centre gère un atelier de brosserie, installé rue des Cévennes, 48, et qui remonte les balais-rouleaux utilisés par les engins automobiles et les hippobalayeuses

Ceux-ci s'usent très vite : il faut les remplacer en moyenne tous les 200 kilomètres, soit à peu près tous les quatre jours.

Rappelons que le balai est constitué par un axe en bois, ou *fût* percé d'alvéoles dans lesquelles on scelle à la poix un petit paquet de lamelles de bambou appelé *loquet*.

Le bambou arrive de Chine tout découpé en lamelles de $0^m,26$ de longueur. On en use un peu plus de la moitié seulement, puisque les balais-rouleaux sont considérés comme hors de service lorsque la longueur des brins — scellement compris — n'est plus que de $0^m,085$ à $0^m,12$.

A l'arrivée à l'atelier, des ouvrières dites « loqueteuses « (fig. 55) répartissent le bambou en « loquets » pesant environ 50 grammes, qu'elles ligaturent. Comme un balai-rouleau porte 910 loquets, l'atelier doit fabriquer plus de 30.000 loquets par jour. Le Service expéri-

Fig. 55 — Atelier de brosserie. Ouvrières loqueteuses.

Fig. 56. — Atelier de brosserie. Dépiautage.

mente une machine fabriquant automatiquement les loquets et remplaçant la ligature par une bague en cuivre ; la machine débiterait 1.670 loquets à l'heure, alors qu'une ouvrière n'en fait que 180, et permettrait de réaliser une économie notable.

Une fois les loquets confectionnés, la fabrication du rouleau est faite par des ouvriers, qui trempent le vieux balai dans un bain-marie, pour ramollir la poix et pouvoir arracher les loquets usés,

Fig. 57. — Atelier de brosserie. Repiquage.

nettoient (fig. 56) avec un fer rougi les alvéoles du fût et repiquent enfin le rouleau en garnissant chaque alvéole d'un loquet neuf dont la ligature a été au préalable barbouillée de poix fondue (fig. 57).

Le remontage d'un balai-rouleau revient à environ 62 francs.

L'atelier emploie plus de 60 personnes ; son budget dépasse 1 million. Il fabrique 18.000 balais-rouleaux par an, possède constamment un approvisionnement comprenant 300 à 400 tonnes de bambou et 1 million de loquets, et satisfait aux demandes pour ainsi dire à lettre vue.

CHAPITRE XVIII

ORGANISATION GÉNÉRALE ET CONTROLE

Répartition des services. — D'après ce qui précède, le Service du Nettoiement assure ses opérations en recourant à des procédés très divers. Le traitement des ordures ménagères est fait par une Société, fonctionnant en régie intéressée (T. I. R. U.), disposant, suivant la saison, de 700 à 1.100 ouvriers, et sur laquelle le Service exerce un contrôle technique, tant sur l'exploitation que sur les travaux neufs.

L'entretien et le fonctionnement des auto-tombereaux et des engins automobiles de nettoiement sont confiés à 5 entreprises de location-vente, employant chaque jour 900 ouvriers, et à une régie directe (les T. A. M.) qui utilise, suivant la saison, 200 à 350 ouvriers. Le Service établit les ordres de travail dans tous leurs détails, veille à leur exécution et exerce le contrôle technique de l'entretien.

Les travaux de nettoiement à bras, les menus travaux et les réparations aux matériels sont exécutés en régie directe, par un ensemble de plus de 4.000 cantonniers et ouvriers.

Toutes les opérations comportant un travail sur la voie publique (régie directe des cantonniers et travail des auto-tombereaux et engins) sont assurées par les Sections d'Ingénieurs en Chef. Le nettoiement, bien dirigé, aide à la conservation des revêtements ; mal compris, il est susceptible de devenir nuisible. Une coordination intime est donc indispensable dans la Section entre le Nettoiement et les Travaux de la Voie Publique.

Le contrôle technique des Sociétés (usines de traitement et entretien des auto-tombereaux et engins automobiles), ainsi que la régie des T. A. M. et la répartition des arrondissements entre les diverses sociétés et usines, font partie du service réservé à l'Inspecteur Général adjoint, pour le Nettoiement, à l'Inspecteur Général des Ponts et

Chaussées, Inspecteur Général des Services Techniques de la Voie Publique, du Nettoiement et de l'Éclairage.

On indique les grandes lignes de cette organisation.

Contrôle technique de la régie intéressée des usines de traitement d'ordures ménagères. — Les usines doivent assurer l'évacuation quotidienne de la collecte, dans certaines conditions de délais. La régie intéressée est défrayée de ses services par le paiement de primes (dites avance d'exploitation et prime de gestion) proportionnelles au tonnage reçu. Ce tonnage est déterminé aux usines par les pesées d'une partie des auto-tombereaux (environ 20 p. 100).

La régie vend de l'engrais et des briques à des prix qui doivent rester supérieurs aux minimums fixés par le contrôle. Elle envoie une partie des matières à des décharges autorisées. Elle incinère le reste pour produire de l'électricité, et l'avance d'exploitation varie avec le prix de vente du kilowatt-heure d'énergie électrique, lequel dépend du cours du charbon. La Ville partageant avec le régisseur intéressé les bénéfices de l'exploitation des usines, toutes les opérations de recettes et de dépenses du régisseur sont soumises au contrôle, notamment les contrats avec les communes de banlieue qui s'adressent de plus en plus aux usines de traitement, etc...

D'autre part, le régisseur intéressé étend et perfectionne les installations des usines ; les travaux neufs donnent lieu à un contrôle étroit. Les emprunts faits pour leur exécution sont amortis par la Ville.

Les agents du contrôle technique veillent sur les divers points ci-dessus à l'exécution de la convention passée entre la Société T. I. R. U. et la Ville. Ils interviennent pour les paiements (primes, amortissements des emprunts, etc.) ainsi que pour la police de la circulation des auto-tombereaux aux abords et dans l'intérieur des usines.

Contrôle de l'entretien des auto-tombereaux et des engins automobiles. — Les mêmes agents vérifient que les auto-tombereaux et les engins automobiles sont bien maintenus dans l'état de parfait fonctionnement prévu aux divers contrats pour le moment du retour à la Ville de tout ce matériel. Les réparations, notamment les grands levages et les peintures, sont suivies pour chaque véhicule.

La vérification porte sur les réglages et aussi sur l'exactitude des compteurs kilométriques, qui sont tous plombés, et dont les indications constituent la base des paiements.

Les travaux concernant les automobiles ne sont pas les moins importants de ceux du contrôle technique.

Prévision et constatation du travail des automobiles — Mais le plus intéressant est sans contredit la prévision et la conduite du travail des véhicules automobiles, que font les Sections d'Ingénieurs en Chef.

Dans ses grandes lignes, ce travail est défini par les divers plans dont il a été parlé :

Chapitre III. — Plan de la collecte.
Chapitre VIII. — Plan du balayage-humectage maximum matinal (BH).
Plan du balayage-humectage d'après-mid (L, LB, LC).
Plans journaliers de lavage.
Chapitre XIII. — Plans de l'arrosage.
Chapitre XIV. — Plans de salage à l'auto-tombereau.
Plan de balayage de la neige après fusion.

On a expliqué que les plans se pénètrent réciproquement et ont besoin d'une mise au point journalière.

Celle-ci est faite dans l'arrondissement, sous la direction du Contrôleur technique, assisté d'un chef principal spécialement désigné, lequel dispose de chefs cantonniers et de cantonniers bicyclistes.

Au début d'une séance de travail, ou préférablement à la fin de la séance précédente ou, s'il y a lieu, en cours de séance, le chef principal fait passer les ordres au releveur de compteurs de chaque garage. Celui-ci est, en principe, unique par garage, mais il reçoit les ordres et établit les comptes rendus et relevés de compteurs pour tous les arrondissements que dessert le garage. Il résume sur le relevé journalier les ordres qu'il reçoit en indiquant leurs auteurs, et les fait parvenir au chef de garage. Ce dernier, qui représente l'entreprise, établit les feuilles de voiture, en modifiant simplement, comme on l'a vu, les tableaux de marche préétablis et qui correspondent au service maximum.

Chaque véhicule sortant du garage doit porter, sur une plaque métallique fixée à l'auvent, l'indication du service qu'il va remplir ;

à cet effet, les itinéraires sont, pour chaque opération, numérotés par arrondissement; l'indication comporte donc le numéro de l'arrondissement, — les lettres abréviatives de l'opération — et le numéro de l'itinéraire.

La conduite du travail des véhicules est faite de deux façons. Pour la collecte, les auto-tombereaux sont sous la seule autorité du chef cantonnier chef d'atelier. Tous les véhicules doivent être rendus à 6 h. 30 au lieu de rendez-vous de l'atelier, où le chef les équipe en chargeurs, chiffonniers et balayeurs, et prescrit les rendez-vous de fin de collecte pour vérification du chargement.

Les engins de nettoiement automobiles des chaussées sortent dès quatre heures; ils sont sous la seule autorité des chefs cantonniers et cantonniers bicyclistes du contrôle automobile, — qui sont tenus de déférer à propos du travail mécanique aux réquisitions des chefs cantonniers chefs d'atelier. Ceux-ci ont le droit de contrôle et d'observations sur les feuilles de voiture. En cas de désaccord au sujet des détails d'un travail entre le chef d'atelier et le chef du travail automobile, ce dernier donne un ordre de travail provisoire et en réfère immédiatement au chef principal.

Enfin, tous les gradés du Nettoiement doivent réprimer le stationnement en cours de route, — en dehors des lieux et heures autorisés.

Au garage, le releveur de compteurs inscrit sur le relevé journalier, non seulement les indications des compteurs, mais encore les heures de sortie et de retour, ainsi que les divers incidents. Les relevés journaliers sont vérifiés par le chef principal, puis totalisés par mois, par arrondissement, pour servir de base aux paiements.

Ajoutons que tous les ordres concernant les automobiles doivent être écrits.

Régie directe des cantonniers. — Effectif ouvrier. — Jusqu'à la guerre, le nettoiement des voies publiques s'est fait à coups d'hommes et a disposé d'une certaine aisance dans la main-d'œuvre. Aujourd'hui, malgré l'extension du nettoiement mécanique, on fait encore à bras une notable partie du travail sur chaussées et sur les trottoirs, en sorte que le nettoiement de Paris reste l'une des plus importantes régies directes qui soient. Mais pour faire face à l'augmentation du coût de la main-d'œuvre, son organisation a dû évoluer grandement depuis 1919. Pour en donner une idée, on rappellera que la collecte et le nettoiement des voies publiques utilisaient, en 1914 :

5.177 ouvriers en régie directe (dont 700 chiffonniers des tombereaux);
et 1.050 charretiers et conducteurs des entreprises de collecte et de traction des engins;

soit un total de 6.227 ouvriers dont les agents du Nettoiement devaient diriger le travail.

En 1922, le nombre des ouvriers en régie directe est ramené à 4.032 (avec sensiblement le même nombre de chiffonniers des tombereaux), et celui des conducteurs de l'entreprise est d'environ 975
soit un total de 5.007
ouvriers à diriger.

L'effectif ouvrier en régie directe a été diminué de près de 25 p. 100. En même temps, la durée de la journée de travail, qui était de dix heures, était réduite à huit heures, et cela sans que l'importance des travaux à exécuter à bras subisse une diminution bien sensible.

La conséquence est que le Service n'a plus de latitude quant à la main-d'œuvre. Il doit perdre la tournure quasi familiale qu'il avait avant la guerre, au moment où chaque atelier constituait un domaine à peu près isolé fonctionnant sur l'initiative du chef cantonnier. Il doit prendre l'allure d'une industrie visant à l'économie et d'où les *temps perdus* sont, autant que possible, éliminés. C'est à quoi tend l'instruction du 28 février 1923 sur le service des cantonniers, dont on va exposer les bases.

Cantons. — Les cantonniers sont groupés en unités de travail appelées « ateliers », dont chacune est sous la conduite d'un chef cantonnier. Étant donné la diversité de leurs travaux et leur dissémination dans le réseau des voies publiques, on a été obligé de déterminer, pour chaque ouvrier, non seulement les tâches, mais encore la répartition et l'horaire.

On appelle *canton* l'ensemble des travaux qu'un même ouvrier est appelé à exécuter, quelle que soit la durée de ces travaux.

Ainsi, un cantonnier qui, dans une même séance de travail, effectue successivement le balayage des trottoirs, — le nettoiement des caniveaux, — l'arrosage à la lance des contre-allées, etc., dessert un canton de trottoirs, un canton de caniveaux, un canton d'arrosage de contre-allées, etc., dont la réunion constitue son canton pour la séance envisagée.

On distingue deux sortes de cantons :

— les cantons *définis*, qui comprennent tous les travaux dont les détails et notamment l'horaire d'exécution peuvent être précisés à l'avance, — et

— les cantons *volants*, qui comprennent tous les autres travaux et dont, en général, l'exécution peut être différée ou n'est qu'occasionnelle (remplacement des piétons, — lavage des accessoires de la voie publique, — nettoyage des grilles et cuvettes d'arbres, — arrosage des arbres, — nettoyage aux abords des chantiers, — etc.).

Parmi les cantons définis, on met à part les cantons *spéciaux* qu'on réserve à des ouvriers mis en dehors du roulement général de l'atelier, soit parce qu'ils sont inaptes à d'autres travaux, soit parce qu'ils ont une aptitude spéciale. Les travaux assurés par ces cantons spéciaux sont le plus souvent : le contrôle automobile, — l'aide au nivellement, — le remplacement momentané du chef cantonnier, — le nettoyage des urinoirs et édicules, — le nettoyage des lieux d'appel, — le lavage et la peinture des bancs, — etc...

Tous les autres travaux [1] sont répartis, suivant leur horaire, entre les cantons définis ci-après :

Dénomination des cantons définis.	Horaire journalier.	Numérotage des cantons.
Cantons de matinée . . .	de 5 à 11 h.	de 1 à 30
Cantons d'après-midi . .	de 13 à 15 h. ou 17 h.	de 41 à 70
Cantons de soirée. . . .	après 15 ou 17 h.	de 71 à 95

On peut réunir sous un même numéro un canton de matinée et un canton d'après-midi, pour composer un canton de journée auquel on affecte le numéro le moins élevé en partant de 1. Par contre, un canton de journée peut toujours être divisé en ses deux éléments,

(1) C'est-à-dire :
le balayage des trottoirs et escaliers,
la collecte des ordures ménagères,
le curage des gargouilles et des puisards,
le nettoyage des caniveaux,
le coupage et le ramassage des cordons,
le nettoyage en recherche sur chaussées.
les sablages,
les arrosages et lavages à la lance,
le caoutchoutage à bras,
l'ébouage de l'empierrement,
le nettoiement des marchés couverts et découverts,
l'enlèvement des feuilles mortes,
les manutentions diverses, — etc...

le canton d'après-midi conservant alors le numéro du canton de journée.

Les travaux compris dans les cantons définis peuvent varier avec les saisons, les intempéries, les circonstances locales, etc. Leur définition fait, à tout moment, l'objet d'une mise au point de la part du chef d'atelier, qui veille à ce qu'un travail effectif soit confié (ou retiré) à l'ouvrier pour chaque disponibilité (ou augmentation) de tâche, temporaire ou non, apparue dans l'horaire d'exécution du canton.

Affectation des cantons définis. — Roulement. — Les cantonniers ont un attachement réel pour leurs cantons. On s'efforce de les en changer le moins possible. A cet effet, chaque canton de matinée ou de journée et chaque canton spécial est affecté à un ouvrier déterminé. La désignation des affectataires des cantons est faite en tenant compte de l'ancienneté (et de l'aptitude pour les cantons spéciaux).

Tout cantonnier qui n'est pas affecté à un canton de matinée ou de journée, ou spécial, est remplaçant désigné pour un certain nombre de cantons de matinée ou de journée.

L'affectation d'un ouvrier à un canton de matinée ou de journée, ou au remplacement pour divers de ces cantons, entraîne sa désignation pour l'exécution, par roulement, d'un certain nombre de cantons de soirée et d'après-midi. Les ouvriers affectataires de cantons spéciaux sont, on l'a dit, en dehors du roulement général.

Le chef d'atelier établit, au moins 15 jours à l'avance, le tableau mensuel du roulement, qui est affiché dans l'atelier. On égalise, autant que possible, entre les cantonniers en roulement, les tours de soirée, avec qui on fait en sorte que les repos et congés ne coïncident pas.

Au surplus, le dit tableau de roulement est mis au point chaque jour par l'indication des indisponibilités et des mutations survenues depuis son établissement.

Volant journalier d'atelier. — Atelier de réserve — Tous les ouvriers qui, dans une séance de travail, ne sont pas affectés à un canton défini, constituent le *volant journalier* de leur atelier. Pour chaque séance de travail, le chef d'atelier détermine individuellement leur tâche au moment de l'appel ; — il puise parmi eux les remplaçants des affectataires de cantons définis devenus fortuitement indisponibles, des chiffonniers, etc., ainsi que les ouvriers de renfort que, sur l'ordre du chef principal, il doit parfois mettre à la disposition d'un atelier voisin. Les cantonniers se prêtent peu au changement d'atelier, fût-il momentané et de courte durée. Afin de l'éviter le plus possible, on tient en réserve, dans chaque arrondissement, quelques ouvriers (environ 5 p. 100 de l'effectif) qui forment un petit groupe ou *atelier de réserve*, généralement rattaché à un atelier ordinaire ; en temps normal, ces ouvriers assurent divers menus travaux ; le cas échéant, ils fournissent en premier lieu les renforts.

Exécution du canton. — **Appels.** — Le canton doit être exécuté en respectant les détails de lieu, de temps et de mode opératoire contenus dans sa définition ou ordonnés par le chef d'atelier.

Les déplacements, c'est-à-dire les parcours d'un emplacement de travail à un autre, doivent être exécutés sans arrêt, avec une vitesse d'au moins un kilomètre en douze minutes.

Au début et à la fin de chaque séance de travail, le cantonnier vient au lieu d'appel faire constater sa présence par le chef d'atelier, lui rendre compte des incidents de son travail s'il y a lieu et prendre ses ordres. L'ouvrier doit séjourner le moins longtemps possible au lieu d'appel; sa place est au dehors, sur son canton, par tous les temps.

On a réduit beaucoup la durée des séjours en remplaçant l'appel verbal par le jeton de présence et le tableau de roulement.

Pour constater son passage, l'ouvrier n'a qu'à prendre (au début de la séance de travail) ou à remettre (à la fin de cette séance) sur un tableau apposé dans le lieu d'appel, un jeton portant son matricule. Pour connaître le canton défini qu'il doit assurer, il n'a qu'à lire le tableau de roulement. En moins de cinq minutes, tous les affectataires de cantons définis, c'est-à-dire la presque totalité des ouvriers d'un atelier, sont ainsi contrôlés, renseignés et ont quitté le lieu d'appel, où il ne reste que les quelques ouvriers du « *volant journalier* » que le chef affecte aussitôt à des emplacements de travail.

On a vu, au Chapitre IV, qu'une disposition analogue est adoptée pour les départs des auto-tombereaux de la collecte. Les rendez-vous des véhicules, des cantonniers et des chiffonniers sont concentrés à portée de la vue du chef cantonnier ; ceux des auto-tombereaux dont l'équipe est complète démarrent à 6 h. 30, sans autre formalité;

il ne reste sur place que les rares voitures ou équipes d'ouvriers non complètement pourvues et pour lesquelles le chef d'atelier intervient sans délai.

On a indiqué au Chapitre XVI les grandes lignes de l'emploi journalier du temps des cantonniers. Ces ouvriers commençant leur journée de bon matin, à 5 heures, une interruption de travail de 15 minutes, dite « casse-croûte », leur est dévolue de 6 h. 15 à 6 h. 30, pour faire une légère collation ; — sa durée n'est pas comprise dans les huit heures de la journée de travail et la séance matinale, au lieu de finir à 11 heures, se termine à 11 h. 15.

Disons pour terminer qu'on encourage les cantonniers en leur attribuant des primes pour les parties les moins agréables de leur tâche : prime matinale (pour arrivée à 5 heures du matin), indemnité de tombereau (pour chargement d'un itinéraire de collecte en premier ou second tour), indemnité d'entretien de bicyclette, etc... On alloue, en outre, une indemnité mensuelle à ceux qui, le cas échéant, sont aptes à remplacer un conducteur d'automobile, et qu'on appelle « monte-à-défaut ».

Enfin, on a renoncé à embaucher des ouvrières balayeuses, lesquelles ne peuvent coopérer au chargement des ordures ménagères, et on remplace peu à peu par des cantonniers celles qui existent.

Atelier de cantonniers. — L'effectif d'un atelier de cantonniers est déterminé de manière que le nombre des ouvriers *présents* y soit, chaque jour, au moins égal au nombre de cantons définis. — On doit tenir compte de ce que, par suite des congés, repos, maladies, etc., le nombre des présents est seulement de 69 p. 100 de l'effectif en été et de 75 p. 100 en hiver.

La détermination de l'effectif d'un atelier est laborieuse. Il faut tout d'abord dresser une statistique établissant les travaux à exécuter, en chaque saison. Puis on fixe les coefficients de travail. En gros, on réussit bien à faire admettre qu'un cantonnier, en une heure, balaie complètement ou arrose à la lance 2.000 mètres carrés de trottoir, nettoie en recherche 5.000 mètres carrés de trottoir ou de chaussée, éboue 1.000 mètres carrés d'empierrement, lave (ou coupe et rabatte) 500 mètres de caniveaux (ou de cordon), etc. Mais ces coefficients ne sont que des chiffres moyens ; les quantités de travail accomplies en une heure varient beaucoup avec l'encombrement des rues et les circonstances locales ; on s'explique ainsi qu'il faille définir le travail, rue par rue, ouvrier par ouvrier, heure par heure.

L'ensemble des travaux quotidiennement accomplis par un atelier donne lieu à l'établissement d'un graphique (fig. 58), indiquant l'horaire d'exécution et la répartition du personnel.

Pour pouvoir synchroniser, avec les travaux sur chaussées des engins, ceux des cantonniers, on doit en outre dresser le plan (fig. 59)

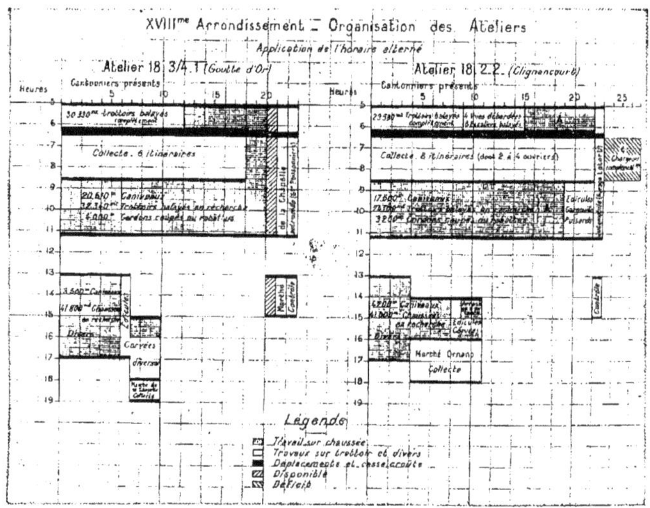

Fig. 58. — Atelier de cantonniers. Organisation et répartition des travaux. XVIIIe Arrondissement (partie).

de la répartition des cantons de caniveaux et de trottoirs. Ajoutons qu'en temps de neige ou verglas on substitue aux plans des travaux ordinaires les plans de salage (à la brouette ou au tombereau), — et du déblaiement par déplacement qui ont été indiqués au Chapitre XIV.

La tradition, et aussi la tournure d'esprit du personnel, font qu'on établit une sorte de péréquation entre les effectifs des divers ateliers voisins, de manière que ces effectifs restent aux environs du nombre de 35 ouvriers (soit, en moyenne, 25 présents chaque jour). On se trouve ainsi conduit à deux types d'ateliers :

— l'atelier *normal* où l'effectif des présents est toujours supérieur à celui des chargeurs de la collecte, et qui se suffit à lui-même ;

— l'atelier *anormal* qu'il faut renforcer au moment de la collecte.

Pour satisfaire à l'attachement du cantonnier à son atelier, on ne devrait avoir que des ateliers normaux, ce qu'on peut toujours faire en adjoignant à un atelier anormal une plus ou moins large portion d'atelier normal.

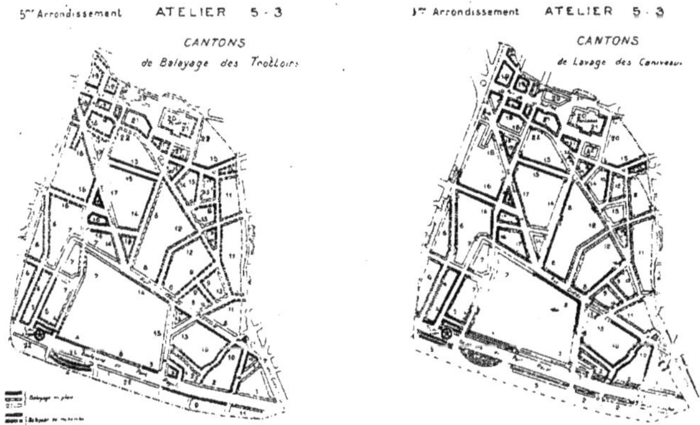

Fig. 59. — Cantons de trottoirs et de caniveaux. Ve Arrondissement (partie).

Chefs cantonniers. — Il y a, actuellement, 107 ateliers (dont deux pour le quartier des Halles), s'étendant en moyenne chacun sur :

9 kilomètres de voies publiques, réparties en 82 tronçons, et comprenant 890.000 mètres carrés de chaussées, et 690.000 mètres carrés de trottoirs et contre-allées.

Chacun est dirigé par un chef cantonnier qui a pour fonctions essentielles :

— de prévoir la répartition des travaux entre les divers cantonniers ;

— de diriger les dits travaux, par de fréquentes tournées, à itinéraires variés ;

— d'en rendre compte ; enfin,

— de fournir tous les renseignements utiles au Service.

Pour les travaux de soirée, on réunit souvent les cantons de plusieurs ateliers sous l'autorité d'un seul chef cantonnier de soirée, dont l'emploi est tenu par roulement dans le groupe d'ateliers.

La prévision des travaux est faite par la mise à jour du tableau de roulement déjà indiqué, et par la préparation au crayon de la « feuille journalière ».

Le compte rendu des travaux et les renseignements sont écrits à l'encre, à mesure de leur constatation, sur la dite feuille journalière, qu'à cet effet le chef d'atelier porte constamment sur lui au cours de la journée.

Cette feuille journalière indique :

— la situation numérique d'effectif (ouvriers et cantons) ;

— les numéros d'itinéraires de collecte, la désignation des chargeurs, chiffonniers et auto-tombereaux ;

— la liste nominative des ouvriers, leurs positions, les numéros des cantons desservis ;

— enfin tous les renseignements qui ont pu être recueillis au cours de la journée, sur les circonstances atmosphériques, les charges d'ordures, les travaux des cantonniers et des engins automobiles, les tâches attribuées au volant, etc... Afin de réduire au minimum les écritures du chef cantonnier, toutes les indications qu'on peut y placer à l'avance, notamment la liste nominative, sont polycopiées. Elle est remise au chef principal au lendemain de sa date.

Groupes d'ateliers. Chefs principaux. Contrôleurs techniques. — On réunit plusieurs unités pour constituer un groupe d'ateliers (en moyenne trois) sous l'autorité d'un chef principal, — puis plusieurs groupes d'ateliers (généralement deux) pour desservir un arrondissement, que commande un contrôleur technique.

Le chef principal est responsable du Service entier sur le territoire de son groupe. Il assiste, à chaque séance, à l'appel d'un atelier.

Par suite de l'extension des engins automobiles, le groupe d'ateliers est, de plus en plus, l'unité territoriale qui convient au nettoiement. C'est d'ailleurs l'unité comptable pour le personnel des cantonniers et chefs cantonniers, dont le chef principal tient personnellement la feuille d'attachement mensuelle des journées et heures. Cette feuille est tenue, au jour le jour, d'après les indications des feuilles journalières des chefs d'ateliers ; elle sert de minute au rôle de paie.

On a indiqué, à propos du contrôle automobile, que ce contrôle était centralisé par arrondissement et confié à l'un des chefs principaux, qui totalise, par mois, les relevés des compteurs kilométriques.

Les contrôleurs techniques ont la charge de tout le nettoiement d'un arrondissement et servent d'intermédiaires entre le personnel ouvrier et l'Ingénieur. Créés en 1921 et 1922, ils rendent, dans leur ensemble, de très bons services.

Les grades de chef cantonnier, chef principal et contrôleur technique s'obtiennent maintenant exclusivement au concours, sous

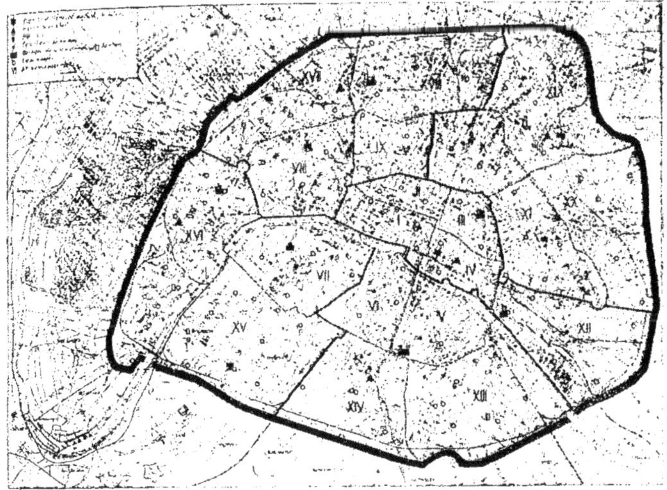

Fig. 60. — Organisation générale du Nettoiement. Circonscriptions.

certaines conditions d'âge et d'ancienneté de services. Ce mode de recrutement est réellement recommandable.

Circonscriptions de Nettoiement. — Pour l'ensemble des arrondissements (en moyenne 4) constituant une section d'Ingénieur en Chef, tous les services de nettoiement sont réunis en une circonscription unique que dirige un Ingénieur, assisté de deux ou trois adjoints. Le plan (fig. 60) indique l'organisation générale du Nettoiement à Paris (lieux d'appel, garages, ateliers, bureaux de circonscription et de section, etc.).

La circonscription du Nettoiement gère 800 cantonniers et chefs et emploie quotidiennement 200 véhicules automobiles (engins et auto-tombereaux). Elle dispose de magasins et d'ateliers de réparations ; elle entretient en régie les locaux des services de la Voie publique et du Nettoiement (lieux d'appel, garages, resserres, ateliers bureaux, etc.), ainsi que l'outillage. C'est elle qui prépare les plans de travail et fournit les bases de la perception des taxe de balayag et d'enlèvement des ordures ménagères. Son budget de dépense, n'est pas moindre que 14 millions par an.

On voit que son importance est comparable à celle d'une grande exploitation industrielle.

CHAPITRE XIX

DÉPENSES ET RECETTES DU NETTOIEMENT

Dépenses. — Le total des dépenses est naturellement élevé ; il a atteint en 1922 : 86 millions de francs, savoir :

En régie directe :		
1° Salaire des cantonniers et ouvriers. .	27 millions	
2° Dépenses diverses en régie, location et entretien de resserres, frais d'enlèvement ou décharges, mesures contre le glissement, neiges et glaces, entretien des cabanes, achat et entretien du matériel, etc., entretien des poteaux de trolley.	2 millions	
Ensemble.		29 millions
A l'entreprise :		
3° Enlèvement des ordures ménagères .	32 millions	
4° Balayage et arrosement	16 millions	
Ensemble		48 millions
En régie intéressée :		
Traitement des ordures ménagères, boues et immondices		9 millions
Total égal		86 millions

de francs, soit 30 francs par habitant et par an.

A remarquer que les 48 millions de dépenses à l'entreprise correspondent au fonctionnement des automobiles, engins et auto-tombereaux, et comprennent l'amortissement du matériel. De même, dans les 9 millions de la régie intéressée, sont inclus les frais d'amortissement des usines. Le Nettoiement est bien traité comme un service industriel.

En répartissant les dépenses de personnel ouvrier en régie directe, proportionnellement au temps passé aux divers travaux, on peut dire que l'évacuation des ordures, boues et immondices, exige 47 millions, alors que le nettoiement proprement dit coûte : 39 millions.

Recettes. — En face de ces dépenses, la Ville ne récupère directement sur les habitants, au titre de taxe de balayage que 5 millions et ne compte demander à la nouvelle taxe d'enlèvement sur les ordures ménagères que . . . . 24 millions.

Le partage des bénéfices avec le régisseur intéressé lui rapportera sans doute . . . . 1 million.

Enfin, divers remboursements (notamment entretien des poteaux de trolley et services commerciaux des auto-tombereaux) et locations lui rapporteront environ 2 millions.

Total des recettes. . . . . 32 millions.

En fin de compte, le budget général de la Ville de Paris doit supporter, pour les opérations diverses du Nettoiement, une charge de (86 — 32) = 54 millions de francs, soit environ 19 francs par habitant et par an.

CHAPITRE XX

CONCLUSION

Peut-on dire qu'en ce qui concerne le Nettoiement de Paris, les services rendus sont réalisés économiquement ? La réponse est difficile à formuler, faute de point de comparaison.

A notre connaissance, en effet, aucune cité n'a encore abordé les problèmes du Nettoiement aussi franchement que Paris. Aucune n'a réalisé la collecte automobile en un seul tour et l'évacuation avec utilisation des sous-produits, par usines de traitement centralisées en une régie unique. Aucune ne possède l'outillage de nettoiement des rues et, en particulier, le matériel automobile employé à Paris. Aucune enfin n'est dotée de cet ensemble de plans prévoyant les diverses opérations qui ont été énumérées. Cet appareillage, indispensable aux ingénieurs pour étreindre et maîtriser les multiples tâches auxquelles ils doivent faire face dans le dédale des rues, est une création parisienne.

Est-il possible seulement d'affirmer que les résultats obtenus sont satisfaisants ? Il faut noter ici que le Nettoiement n'obtient jamais qu'un résultat éphémère. L'heure qui vient efface son travail de tantôt et il ne peut jamais posséder, ou conserver, une vue d'ensemble de son œuvre.

Cependant, l'aveu de la plupart des visiteurs étrangers est que, maintenant, notre capitale n'est, sous le rapport de la propreté et du fonctionnement des services de Nettoiement, en arrière d'aucune autre.

Cela ne signifie pas qu'il n'y ait plus rien à faire ; on a, au contraire, indiqué au passage quelques-unes des nombreuses améliorations désirables (boîtes échangeables, lavage des trottoirs, etc.).

L'approbation que lui ont apportée des esprits éminents incite le Nettoiement à poursuivre un labeur ardu. Mieux que Montaigne, qui aimait Paris jusque dans ses verrues et dans ses taches, il voudrait que Paris n'eût pas de taches, convaincu qu'il est que la propreté de la Capitale constitue l'un des attributs qui font le plus ressortir sa beauté

TABLE DES MATIÈRES

CHAPITRE PREMIER. — VUE GÉNÉRALE

CHAPITRE II. — APERÇU HISTORIQUE SUR LE NETTOIEMENT DE PARIS

CHAPITRE III. — RÉGLEMENTATION. TAXES

CHAPITRE IV. — ENLÈVEMENT DES ORDURES MÉNAGÈRES. COLLECTE

CHAPITRE V. — ÉVACUATION DES ORDURES MÉNAGÈRES. USINES DE TRAITEMENT

CHAPITRE VI. — APERÇU SUR LES TRAVAUX DE NETTOIEMENT

CHAPITRE VII. — MATÉRIEL EMPLOYÉ POUR LE NETTOIEMENT DES VOIES PUBLIQUES

CHAPITRE VIII. — NETTOIEMENT MÉCANIQUE DES CHAUSSÉES. TRAIN D'ENGINS

CHAPITRE IX. — NETTOIEMENT MÉCANIQUE DES CHAUSSÉES. PLANS DE TRAVAIL

CHAPITRE X. — CHAUSSÉES ET CANIVEAUX. OPÉRATIONS DE NETTOIEMENT FAITES A BRAS

CHAPITRE XI. — NETTOIEMENT DES TROTTOIRS ET CONTRE-ALLÉES

CHAPITRE XII. — CHAUSSÉES ET TROTTOIRS. LUTTE CONTRE LE GLISSEMENT

CHAPITRE XIII. — LUTTE CONTRE LA POUSSIÈRE

CHAPITRE XIV. — LUTTE CONTRE LA NEIGE

ÉVREUX, IMPRIMERIE CH. HÉRISSEY. 569

MATHÉMATIQUES SUPÉRIEURES

Cours de Mathématiques générales, professé à la Sorbonne, par MM. VESSIOT, professeur à la Faculté des Sciences, sous-directeur de l'Ecole normale supérieure et MONTEL, professeur à la Faculté des Sciences.

Livre I. Éléments d'algèbre, de calcul différentiel et de géométrie analytique.

Livre II. Calcul intégral et éléments de mécanique.

Les 2 volumes .... **60 fr.**

Introduction mathématique aux sciences techniques de l'ingénieur*, par M. GARFAUD, ingénieur, ancien élève de l'École polytechnique et de l'École supérieure d'électricité.

438 pages et 191 figures .... **30 fr.**

Cours de géométrie, par M. VASNIER, ingénieur, ancien élève de l'École polytechnique.

1re partie. Géométrie plane, 405 pages et 532 figures. — *2e partie.* Géométrie dans l'espace, 379 pages et 515 figures. — *3e partie.* Courbes et surfaces usuelles, 167 pages et 170 figures.

Les 3 volumes .... **18 fr.**

Cours de compléments d'algèbre*, par M. BAUDRAN, chef de bataillon du génie, ancien professeur du cours de mécanique et de sciences appliquées à l'École d'application de Fontainebleau.

515 pages et 16 figures .... **14 fr.**

Notions sommaires sur les fonctions et les dérivées, même auteur.

112 pages et 31 figures .... **4 fr. 50**

Cours d'algèbre supérieure et d'analyse, même auteur.

Livre I. Calcul différentiel, 604 pages .... **14 fr.**

Cours de géométrie analytique, même auteur.

448 pages et 117 figures .... **14 fr.**

Cours d'analyse*, professé à l'École spéciale des Travaux Publics. 9e édition.

568 pages et 180 figures .... **25 fr.**

DIVERS

Chemins de fer à crémaillère, funiculaires et transports aériens, par M. LÉVY-LAMBERT, ingénieur à la Compagnie du Nord.

126 pages et 86 figures .... **9 fr.**

Cours de tournage*. *Cours d'apprentissage et de perfectionnement professionnel*, par M. BARDOU, ingénieur des Arts et Métiers et de l'Institut électrotechnique de Grenoble, licencié ès sciences, chef des travaux à l'École pratique d'industrie et au cours de perfectionnement professionnel de Valenciennes.

292 pages et 264 figures .... **8 fr.**

DROIT. LÉGISLATION

Droit commercial et introduction à la pratique des affaires, par M. DANIEL MASSÉ, licencié en droit, juge de paix.

220 pages .... **15 fr.**

Cours de législation du travail et de prévoyance sociale, par M. DANIEL MASSÉ, conseiller de préfecture honoraire, juge de paix, et M. BOVIER-LAPIERRE, docteur ès sciences politiques et économiques, licencié ès sciences, sous-chef de bureau du Ministère du Travail et de la Prévoyance sociale.

478 pages .... **24 fr.**

Cours de droit commercial et de transports par chemins de fer, par M. BAZET, docteur en droit.

451 pages. Prix .... **15 fr.**

Notions élémentaires de droit civil, par M. CHARLES GEORGIN, docteur en droit.

660 pages .... **30 fr.**

Commentaires des clauses et conditions générales imposées aux entrepreneurs*, même auteur.

228 pages .... **12 fr.**

TRAVAUX PUBLICS EN GÉNÉRAL

Les travaux publics aux colonies, par M. HARDEL, ingénieur des Ponts et Chaussées.

222 pages, 64 figures et une annexe de 41 pages .. **7 fr.**

Les murs de soutènement, par M. CH. AUBRY, ingénieur des Ponts et Chaussées, ingénieur principal aux chemins de fer de l'Etat.

180 pages, 112 figures .... **12 fr.**

Règlement du 8 janvier 1915 pour le calcul et les épreuves des ponts métalliques *suivi de notes pour son application.*

Prix .... **5 fr.**

TOPOGRAPHIE

Cours de Topométrie urbaine. Lever des plans de ville, par M. RENÉ DANGER, géomètre du domaine de l'État.

1 vol. in-folio tellière de 216 pages, 63 figures et 23 planches hors texte .... **60 fr.**

Levés d'études à la planchette, même auteur.

250 pages, 54 figures et 8 planches .... **14 fr.**

(SUITE DES OUVRAGES PROFESSÉS PAGE 4.)

c) OUVRAGES D'AUTRES AUTEURS

Les entreprises industrielles, *conférences faites en 1918 au Conservatoire des Arts et Métiers*, par M. ANDRÉ LIESSE, membre de l'Institut.

205 pages in-16 double couronne .... **4 fr.**

L'industrie des Travaux publics, par M. ALBERT DUFOUR, ingénieur.

120 pages in-16 double couronne .... **4 fr.**

b) *Ouvrages professés à l'École spéciale des Travaux Publics* (Suite).

ÉLECTRICITÉ ET APPLICATIONS

Cours de construction de machines électriques*, par M. CASTANIER, ingénieur en chef de la construction à la Société « l'Éclairage électrique ».

Livre I. Matériaux de construction. Organes des machines. Bobinage, *5e édition*, 143 pages, 156 figures et 33 planches. — *Livre II.* Construction de machines électriques, *2e édition*, 304 pages, 166 figures. Prix des 2 volumes et de l'atlas .... **48** fr.

Cours de traction électrique, par M. René MARTIN, ingénieur à la Compagnie française Thomson-Houston. *2e édition*, revue et augmentée.

784 pages, 585 figures et 57 planches, hors texte. **60** fr.

Cours d'électrotechnique, par M. ILIOVICI, ingénieur, ancien chef de service au Laboratoire central et à l'École supérieure d'électricité.

Livre I. Lois générales de l'électricité .... **36** fr.

Livre II. Étude des machines à courant continu. (*en impression.*)

Livres III et IV. Étude des machines et appareils à courants alternatifs. (*en impression.*)

Cours de mesures électriques, par M. EUG. VIGNERON, ingénieur-conseil.

Livre I. Essais de laboratoire. Description des méthodes et des appareils. — *4e édition*, revue et augmentée. 551 pages, 416 figures. Prix .... **30** fr.

Livre II. Essais de machines. 616 p., 372 fig... **35** fr.

MÉTALLURGIE

Cours de métallurgie, professé à l'École spéciale des Travaux publics, par M. le général GAGES.

Livre I. La fonte. Un volume, broché, de 336 pages et 115 figures .... **24** fr.

Livre II. Élaboration des fers et des aciers. Un volume, broché, de 352 pages, 122 figures et 4 graphiques. Prix .... **24** fr.

Livre III. Travail du fer et de l'acier. Un volume de 432 pages, 389 figures .... **30** fr.

Livre IV. Essais mécaniques des fers et des aciers (320 pages, 157 figures) .... **30** fr.

Livre V. Métallurgie des alliages métalliques et des métaux autres que le fer (432 pages et 128 figures). **24** fr.

La collection complète des 5 volumes .... **120** fr.

MINES

Cours d'exploitation des mines, par M. GRUNER, ingénieur civil des Mines.

Livre I. Géologie et gisements. Explorations par sondages. Abatage mécanique, *3e édition*, 420 pages, 280 fig. **25** fr.

Livre II. Soutènement des chantiers et galeries. Fonçage et soutènement des puits, 1 vol. de 362 pages et 257 fig. **25** fr.

Livre III. Méthode d'exploitation en carrière et souterraine. 1 vol. de 334 pages et 201 fig. .... **25** fr.

Livre IV. Transports souterrains. Extraction. 1 vol. de 312 pages et 160 fig. .... **25** fr.

Livre V. Épuisements, Aérage et Éclairage .... [illegible] fr.

Livre VI. Accidents. Réparations mécaniques. (*en impression.*)

NAVIGATION, FORCE MOTRICE

Cours de barrages, par M. BONNET, ingénieur en chef des Ponts et Chaussées.

635 pages, 346 figures et 2 planches hors texte. **36** fr.

Aménagement des chutes d'eau*. Utilisation de la houille blanche, par M. LÉVY SALVADOR, ingénieur des constructions civiles, chef du service technique hydraulique au Ministère de l'Agriculture.

6e édition, 418 pages, 170 figures et 16 planches hors texte .... **30** fr.

MÉCANIQUE APPLIQUÉE, MACHINES

Cours de thermodynamique, par M. LACOIN, ingénieur des Arts et Manufactures.

208 pages, 60 figures. Prix .... **18** fr.

Cours de résistance des matériaux appliquée aux machines, par M. BAYLE, ingénieur des Arts et Manufactures et des Arts et Métiers, professeur à l'École de physique et chimie de la Ville de Paris.

4e édition, 468 pages, 363 fig. Prix .... **36** fr.

Cours de statique graphique, *par le même*.

(164 pages et 120 figures). Prix .... **15** fr.

Cours d'automobiles, par M. RIDET, ancien élève de l'École polytechnique.

Livre I. Moteurs .... **24** fr.

Cours d'aviation, par le lieutenant-colonel ESPITALLIER.

Livre I. Appareils d'aviation et propulseurs, *2e édition*, 376 pages, 169 figures, 1 planche hors texte ...... **12** fr.

Livre II. Moteurs, par M. MARCOTTE .... **24** fr.

ORGANISATION ADMINISTRATIVE ET INDUSTRIELLE

Cours de commerce industriel, par M. E. HOUBST, officier de marine en retraite, chef d'escadron d'artillerie honoraire, ancien directeur de la Société Michelin et Cie.

Deux volumes de 240 et 195 pages .... **24** fr.

Cours de finance et de Comptabilité dans l'Industrie (*Comptabilité, Banques, Sociétés, Assurances, Bourses*), par M. Ed. JULHIET, ancien élève de l'École polytechnique, ingénieur civil des mines, ingénieur-conseil de la Banque l'Union parisienne.

4e édition, 526 pages et nombreux tableaux modèles. **30** fr.

La Standardisation, théorie et emploi des calibres pour les fabrications en série, par le général GAGES.

Un volume, 320 pages et 160 figures .... **30** fr.

Coulommiers. — Imp. PAUL BRODARD. — 3043-10-23.

www.ingramcontent.com/pod-product-compliance
Ingram Content Group UK Ltd.
Pitfield, Milton Keynes, MK11 3LW, UK
UKHW022107260726
13993UKWH00001B/357